LE MARQUIS DE BRUNOY,

PIÈCE EN CINQ ACTES,

PAR

MM. THÉAULON ET JAIME;

MUSIQUE NOUVELLE DE M. MASSET.

Représentée pour la première fois, à Paris, sur le théâtre des Variétés, le 14 mars 1836.

DISTRIBUTION DE LA PIÈCE:

Le marquis DE BRUNOY................	M. Fréd. Lemaître.
Le duc D'AIGUEVILLE................	M. Cazot.
Le comte DE PROVENCE...............	M. Bressant.
Le comte DE VALMONT................	M. Alexandre.
LE BARON...........................	M. Lambert.
LE LIEUTENANT CIVIL................	M. Alexis.
GROS-JEAN, frère de lait du marquis.	M. Hyacinthe.
La comtesse DE MONTMARTEL, tante du marquis de Brunoy................	Mme Lecomte.
ADÉLAÏDE DE MONTMARTEL, cousine du marquis...........................	Mlle Atala Beaucaise.
ÉMILIE D'AIGUEVILLE................	Mlle Poccata.
LA BARONNE.........................	Mlle Louisa.
GEORGETTE..........................	Mlle Deposy.
ROSINE, femme de chambre de la comtesse.	Mlle Georgina.
Un Notaire.........................	M. Vézian.
Un Huissier........................	M. Georges.
LELOUP, maçon......................	M. Mistel.
Un Domestique......................	M. Mayer.
Courtisans.	
Paysans et Paysannes.	
Maçons.	
Gardes françaises.	
Deux Clercs de notaire.	
Un Avocat.	
Domestiques.	

La scène se passe, au premier acte, à Versailles, dans un hôtel voisin du Palais.

ACTE PREMIER.

Le théâtre représente un riche salon; une toilette à gauche, un canapé à droite.

SCÈNE I.

Mme LA COMTESSE DE MONTMARTEL, ADÉLAÏDE, ROSINE.

ADÉLAÏDE.

Mon Dieu! ma tante, que votre toilette est belle!

LA COMTESSE, assise à sa toilette.

Mon enfant, on ne se présente pas devant un roi comme chez un roturier... et la cour de Louis XV est citée pour sa grace et son élégance.

ADÉLAÏDE.

Tout cela est bien beau, mais je regrette que

mon cousin quitte son château de Brunoy pour venir se fixer à Versailles.

LA COMTESSE, se levant.
Ce sont là des regrets de ton âge ; l'ambition ne s'est pas encore éveillée dans ton cœur... D'ailleurs, mon enfant, le possesseur des titres et de la fortune d'une famille a des devoirs à remplir. Permis à un simple bourgeois de vivre ignoré dans ses terres, s'il en a ; mais on doit paraître à la cour, lorsqu'à vingt-cinq ans on est beau comme l'est ton cousin, lorsqu'on peut faire jeter à l'écho d'un palais le nom de marquis de Brunoy, conseiller, secrétaire du roi, maison, couronne de France et de ses finances !...

ADÉLAÏDE.
Quand ma tante prononce ces noms-là, ses talons sont doublés de hauteur.

LA COMTESSE.
Et puis ce jeune homme m'appartient ; il est de ma noblesse à moi, c'est le fils de ma sœur... Son père, anobli récemment, n'avait obtenu notre alliance qu'à la faveur d'une fortune considérable qu'il n'a fait qu'augmenter ; à sa mort, mon neveu s'est trouvé riche de quarante millions ; avec cela on peut prétendre aux plus grandes alliances et rendre son blason complet !...

Air du vaudeville de la Somnambule.

Jeune, brillant, quelle carrière
A ses regards s'offre déjà.
L'or jadis enrichit son père...
Lui, la gloire l'illustrera.
On peut accroître sa richesse,
Quelque obscur que soit son état ;
Mais pour voir grandir sa noblesse,
Il faut des actions d'éclat.

(Des domestiques paraissent au fond)

ADÉLAÏDE.
Voici mon cousin qui vient de ce côté.

SCÈNE II.

Les Mêmes ; LE MARQUIS.

LE MARQUIS.
Ma tante, ma chère cousine.

LA COMTESSE.
Dieu ! mon ami, que vous êtes bien ainsi !... ah ! laissez-moi vous admirer tout à mon aise.

LE MARQUIS.
Et vous, Adélaïde, comment me trouvez-vous ?

ADÉLAÏDE.
A merveille, pour un courtisan.

LE MARQUIS.
Allons, voilà mes épreuves qui commencent déjà ; je me trouve placé, tout d'abord, entre la vanité et la philosophie !

LA COMTESSE.
Vous allez voir la cour et toutes nos grandes dames.

ADÉLAÏDE, soupirant.
Et toutes les grandes dames.

LA COMTESSE.
Jusqu'à présent relégué dans une terre, il faut vous efforcer de prendre l'air et le ton de notre brillante jeunesse.

LE MARQUIS.
Ah ! j'ai déjà fréquenté nos jeunes gens à la mode, et sais, à le réciter, l'emploi du temps d'un homme de ma sorte : Se lever à midi, se dérober aux ravissantes créations d'un rêve enchanteur pour se trouver en face d'un perruquier qui vous enveloppe d'une atmosphère de poudre odoriférante et s'applique à vous rendre la fraîcheur de la veille ; se laisser tomber mollement entre les mains de valets qui vous chargent à l'envi de velours et de dentelles ; juger de leur adresse en pressant les plis d'un jabot sous vos doigts chargés de diamants ; trouver au déjeuner des amis riches en parties de plaisirs ; passer en revue tous les propos du jour, l'abbé de Voisenon, madame Favart et le maréchal de Saxe ; dîner chez le prince de Marsan ; le soir, y jouer la comédie entre gens de qualité ; souper au cabaret, se coucher à deux heures ; le lendemain, assister à une chasse du souverain, lancer une balle dans le cou d'un chevreuil, et jurer ses grands dieux que c'est le roi qui l'a touché ; faire admirer sa belle tenue à cheval ; montrer de l'esprit avec les hommes, de la grâce auprès des femmes : voilà ce que doit faire un marquis de vingt-cinq ans, et vous verrez, ma tante, si je ne m'en acquitte pas à merveille !

LA COMTESSE.
Voilà qui me ravit !

ADÉLAÏDE.
Et moi, qui me chagrine.

LE MARQUIS.
J'ai déjà grand nombre d'amis !... Comment n'être pas recherché à une époque où la banque-oute de Law a laissé des traces profondes. J'arrive entouré d'or ! mes équipages sont admirés de tous !... à peine cite-t-on dans Paris mon nouvel ameublement, qu'il est déjà changé... il y a foule chaque jour dans mes salons, et c'est à qui sera de mes petits soupers.

ADÉLAÏDE.
Qu'on accepte... et qu'on ne rend guère.

LA COMTESSE.
Et qu'en savez-vous, mademoiselle ?

LE MARQUIS.
Pour cela, ma tante, elle a raison. Du reste, voici mon projet : Dans notre château de Brunoy, mon éducation s'est divisée en deux parties ; vous, ma tante, m'avez soigneusement inspiré l'amour de l'étiquette et le respect pour notre ancienne chevalerie ; de son côté, mon père m'apprit à méditer les philosophes de notre temps : Rousseau, Diderot, d'Alembert !...

LA COMTESSE.

Fi! quels noms prononcez-vous là!

LE MARQUIS.

Ne craignez rien; ces messieurs d'attaquent à nos titres et veulent nous renverser.

LA COMTESSE.

Les histrions!

LE MARQUIS.

J'ai mesuré leurs armes, et la plupart sont dangereuses parcequ'elles frappent juste. Voici quel est mon projet: rester l'idole qu'on veut abattre, livrer mon or aux jeunes gens de la cour pour les attacher à mes pas...

LA COMTESSE.

Vous vous ruinerez!

LE MARQUIS.

M'enrichir des conseils et de l'exemple de nos illustrations; sort de leur expérience, dominer mes disciples, leur faire adopter la raison sous le manteau du plaisir, vaincre doucement cette frivolité qui doit nous perdre, préparer des vertus à la vieillesse future; alors je sauve la noblesse et la monarchie : voilà mon but. Je ne suis pas venu à Versailles pour y promener mon orgueil; j'y suis venu comme un homme qu'aime son pays. La noblesse ne consiste pas seulement à étaler son faste aux panneaux d'un carrosse; sa vraie place est au cour!... Conduisez-moi, ma tante; je suis prêt à vous suivre.

LA COMTESSE, à part.

Il a une exaltation dans les idées qui le perdra.

LE MARQUIS.

Eh bien! Adélaïde êtes-vous toujours aussi fâchée de me voir à la cour?

ADÉLAÏDE.

J'aimerais mieux vous voir près de nous.

LE MARQUIS.

J'y reviendrai souvent.

UN DOMESTIQUE, annonçant.

La voiture est prête.

LA COMTESSE.

Partons, mon neveu.

(Le marquis présente la main à la comtesse; ils sortent.)

SCÈNE III.

ROSINE, ADÉLAÏDE.

ROSINE.

Allons, mademoiselle, une fois M. le marquis installé à la cour, la solitude nous est promise; nous retournerons à Brunoy.

ADÉLAÏDE.

Ah! mon Dieu! quel triste séjour! et comme je vais m'y ennuyer!

ROSINE.

Vous appelez triste séjour la plus belle terre de France?

ADÉLAÏDE.

Oui, c'est vrai; mais malgré toutes ses magnificences, je n'y vois que mon cousin; je l'aime tant.

ROSINE.

Et lui, mademoiselle, vous aime-t-il?

ADÉLAÏDE.

Je te le confierai, à toi, mais il ne faut le dire à personne, parcequ'une demoiselle ne doit pas chercher à deviner ces choses-là : je crois qu'il m'aime un peu.

ROSINE.

Alors que craignez-vous?

ADÉLAÏDE.

Ce que je crains?... Songe donc qu'il sera loin de moi, à la cour!... qu'il y verra toutes les grandes dames! il y en a de si jolies... Mme du Barry sur-tout.

ROSINE.

Vous ne la connaissez pas.

ADÉLAÏDE.

C'est égal, on en dit tant de mal qu'elle m'effraie... et si tout ce mal est vrai, Mme du Barry doit être bien belle.

SCÈNE IV.

Les Mêmes, GROS-JEAN.

GROS-JEAN, à la cantonade.

Ah! ben! par exemple! si c'est comme ça qu'on me reçoit... Ah! ben! c'est bon!

ADÉLAÏDE.

Mais n'est-ce pas la voix de Gros-Jean?

ROSINE.

Oui, c'est justement lui, mademoiselle, le frère de lait de M. le marquis; il arrive de Brunoy.

GROS-JEAN.

Ah! c'est comme ça que mon frère de lait me fait des amitiés!

ADÉLAÏDE.

Bonjour, Gros-Jean, bonjour, mon ami; comment se fait-il que tu viennes à Versailles?

GROS-JEAN.

Je suis ben vot' serviteur, mam'zelle Adélaïde; ben le bonjour, mam'zelle Rosine; si j'avais su, allez, j'y serais pas venu à Versailles.

ROSINE.

Qu'avez-vous donc, Gros-Jean, vous voilà tout ébouriffé?

GROS-JEAN.

Ce que j'ai?... hier on a dit dans le village que M. le marquis allait voir le roi. —Dans le pays, on m'appelle imbécile, ils me disent que j'ferai jamais rien. Bon, que j'ai pensé, vous verrez... Alors, je me suis habillé tout de fête, pour venir trouver vot' cousin, que ma mère a nourri à mon époque!... il n'a rien à me refuser, c'est un homme du même lait que moi!

ADÉLAÏDE.
Et que lui voulais-tu?

GROS-JEAN.
Afin de me faire ma fortune, je voulais qu'il m'emmène avec lui dans la cour.

ADÉLAÏDE, riant.
Ah! ah! ah! l'idée est heureuse!

GROS-JEAN.
N'est-ce pas qu'elle était heureuse; pas du tout, j'arrive en bas, je le trouve avec madame la comtesse, sa tante, qui montait en carrosse; eh ben! croiriez-vous ça, il n'a jamais voulu me laisser monter avec eux!... pour me faire mon bonheur, et il a refusé ma poignée de main, en disant que j'allais lui salir ses manchettes!

ADÉLAÏDE ET ROSITE, riant.
Ah! ah! ah!

GROS-JEAN.
Mais il n'y a pas de quoi rire... c'est triste, c'est fort triste, c'est le comble de l'ingratitude : car encore une fois ma mère l'a nourri... et à mon détriment, car j'aurais fort bien consommé tout, et par rapport à lui, je restais sur ma faim.

Air : *Et voilà comme tout s'arrange.*

C'n'est pas pour lui reprocher rien,
Mais tout petit j'étais son frère ;
Monsieur l'marquis fut, j'm'en souviens,
Mon égal sur l'sein de ma mère.
Maint'nant que l'vin est notre fait,
Nous pouvons bien, après un' course,
Boire à la mêm' bouteill' sans r'gret,
Car lorsque nous étions au lait
Nous buvions à la même source.

ADÉLAÏDE.
Console-toi, mon pauvre garçon, il ira te voir à Brunoy, et vous ferez la paix.

GROS-JEAN.
Ça m'est ben égal, qu'il reste ici, qu'il vienne là-bas, pourvu que vous soyez près de nous, vous, mam'selle Adélaïde; vous êtes notre ange à tous.

ADÉLAÏDE.
Sois tranquille, Gros-Jean, nous partirons ensemble.

(On entend un grand bruit.)

ROSITE.
D'où vient ce bruit?

ADÉLAÏDE, au fond.
C'est ma tante!... comme elle a l'air agité

GROS-JEAN.
J'aurais aussi ben fait de rester chez nous.

SCÈNE V.

LES MÊMES, LA COMTESSE, DEUX DAMES D'HONNEUR, VALETS.

(En arrivant la comtesse tombe sur un canapé.)

ADÉLAÏDE.
Ma tante, ma chère tante!

LA COMTESSE.
N'est-ce point un rêve affreux qui me poursuit!

GROS-JEAN, à part.
Elle croit qu'elle rêve.

ADÉLAÏDE.
Ma tante, que s'est-il donc passé?

LA COMTESSE.
Un événement terrible!... une scène qui peut anéantir toutes nos espérances.

SCÈNE VI.

LES MÊMES, puis LE BARON.

LA COMTESSE, allant vivement à lui.
Ah! monsieur le baron, vous êtes notre ami, notre parent! le marquis de Brunoy?...

LE BARON.
Son action a mis tout le palais en rumeur... on dirait une émeute de courtisans.

LA COMTESSE.
Que fait-il?

LE BARON.
Je l'ignore... entouré par un groupe de jeunes seigneurs, il a quitté le château.

LA COMTESSE.
Ah! notre famille est perdue!

SCÈNE VII.

LES MÊMES; LA BARONNE.

LA COMTESSE.
Eh bien! madame.

LA BARONNE.
Le roi ne sait rien encore, et nous parviendrons peut-être à étouffer le scandale de cette affaire; mais le neveu du duc d'Aigueville a disparu en même temps que le marquis... On parle de duel, et s'ils ne sont pas rejoints à temps par nos amis, on doit craindre le plus grand malheur.

GROS-JEAN, au fond.
Le voilà! c'est lui!... Il a l'air furieux!

ADÉLAÏDE.
Ah! mon Dieu! mon Dieu!

(Tout le monde va au fond.)

SCÈNE VIII.

LES MÊMES; LE MARQUIS, *il arrive vivement et se laisse tomber dans un fauteuil. Sa main droite est enveloppée d'un mouchoir taché de sang.*

LE MARQUIS.
Les misérables! les orgueilleux!

LA COMTESSE.
Mon neveu!

ADÉLAÏDE.
Mon cousin!

ACTE I, SCÈNE VIII.

LE MARQUIS.

Eh bien! ma tante, la voilà donc, cette cour où vous brûliez de me conduire! Quelle déception! quelle déception!... Moi, qui ne rêvais que leur gloire! J'arrive au milieu d'eux!... Jaloux de la faveur qu'allait m'accorder le souverain, ils s'empressent de m'humilier!... On me reproche la naissance de mon père!... Et j'entends raisonner à mon oreille d'une manière humiliante, le nom de Nicolas Tuyau!... Et qui m'outrage?... Un duc d'Aiguille, un homme de notre parenté!... Ma main, prête avant mon épée, venge l'injure qu'on m'a faite.

LA COMTESSE.

Grand Dieu!

(Elle s'assied sur le canapé.)

LE MARQUIS.

Je me glisse, au milieu du tumulte, suivi du neveu du duc d'Aiguville et de deux gentilshommes qui m'accompagnent dans le parc... « Là, messieurs, selon vous, mon père était un rustre, et je l'ai vengé comme un rustre; mais je suis noble par ma mère!... A mon tour! tirez vos épées!... » En un instant, je donne deux leçons; la troisième, je la reçois...

ADÉLAÏDE.

Vous êtes blessé?

LE MARQUIS.

Ce n'est rien, une égratignure.

LA COMTESSE, se levant.

Vous êtes blessé?

LE MARQUIS.

Oui, ma tante... blessé au cœur!... Je leur reproche leur infamie, leur rappelant cette vive amitié qu'ils témoignaient pour mes dîners, mes fêtes!... Leur tendresse après une orgie, l'égalité du cabaret! l'égalité du cabaret! — reprend le plus franc de mes trois adversaires... J'aurais dû me souvenir que le cabaret était loin de Versailles!... « J'en prendrai note!... » Oh! je me vengerai d'eux!

LA COMTESSE.

Vous tomberez sous leurs coups!

LE MARQUIS.

Plus de duels; ils sont là trois pour dire que je ne suis pas un lâche... Je veux une autre guerre!... Ils me repoussent, ces hommes de cour que je voulais aimer!... Je leur cherchais des vertus pour étouffer leurs vices; je voulais les régénérer, j'y renonce. Le peuple, aveugle dans ses amours comme dans ses haines, les regarde encore comme des demi-dieux!... Je détruirai ce culte en les montrant de près. C'est à peine s'ils sont méprisés par le valet qui pénètre au fond des boudoirs; lui qui ne vit, que du reste de leurs excès, du reste de leurs habits; il y a un autre peuple qui ne les connaît pas, c'est celui de la place publique; car ces nobles seigneurs ne vont jamais à pied!... Ils m'ont laissé la rue à salir... Eh bien! c'est là que j'installerai le marquis de Brunoy, conseiller, secrétaire du roi, maison, couronne de France et de ses finances!

LA COMTESSE.

Mon neveu, vous me ferez mourir!

ADÉLAÏDE.

Mon cousin, calmez-vous!

GROS-JEAN.

Apaisez-vous, mon frère de lait!

LE MARQUIS.

Approche, Gros-Jean! *(Lui tendant la main.)* Je viens de me souiller avec des courtisans, j'ai besoin de serrer la main d'un homme... Tu ne me quitteras plus.

LA COMTESSE.

Que dit-il?

LE MARQUIS, aux domestiques.

Qu'on vende aujourd'hui même mon mobilier de Paris, à vil prix! comme on pourra!... tableaux, glaces, tapis, à qui les veut... Ce qu'on ne vendra pas, qu'on le donne ou qu'on le brise! Qu'on fasse avancer ma voiture.

LA COMTESSE.

Mon ami, mon neveu, qu'allez-vous faire?

LE MARQUIS.

Ma tante, ne cherchez pas à me retenir, ma résolution est inébranlable!... Gros-Jean, viens avec moi.

GROS-JEAN.

Tout de suite, où allons-nous?

LE MARQUIS.

A Brunoy!

GROS-JEAN.

A Brunoy, quoi!

CHOEUR.

AIR:

Calmez, calmez cet esprit de vengeance,
J'en ai l'espoir *(bis.)*; tous ces nouveaux projets
Jamais, jamais n'obtiendront de succès.

(Pendant le chœur, un domestique aide le marquis à mettre son manteau. — Gros-Jean et le marquis sortent. — Cette dernière scène doit être jouée par le marquis avec beaucoup de force et d'émotion.)

ACTE SECOND.

Le théâtre représente l'intérieur du parc de Brunoy. Une maison en construction à gauche du spectateur. Des pierres, un bassin à plâtre, des brouettes, des échelles. Au lever du rideau, des ouvriers sont occupés à faire la chaîne, et se passent des moellons du haut en bas de l'échafaud; d'autres battent le plâtre, le passent dans des tamis, etc.

SCÈNE I.
TOUS LES MAÇONS; GROS-JEAN, au travail; puis GEORGETTE.

CHŒUR.

Air nouveau de M. Masset.

Travaillons (bis.),
Ayons
Cœur à l'ouvrage;
Travaillons (bis.),
Et montrons
Du courage;
Travaillons,
Bâtissons
Des maisons,
C'est le refrain des maçons.

GEORGETTE, arrivant.
Eh bien! Gros-Jean, j'espère que l'ouvrage va joliment.

GROS-JEAN.
Oh! je t'en réponds!... en v'là-t-il de ces embellissements, depuis trois mois que M. le marquis est revenu à Brunoy.

GEORGETTE.
Oui, le jour où qu'il était si en colère!

GROS-JEAN.
Sa colère dure encore! il ne veut plus entendre parler des seigneurs de la cour... La porte de son château leur est fermée, et il passe sa vie avec nous... tantôt laboureur, tantôt serrurier... tantôt!... et en dépense-t-il des écus! On ne voit que des chariots chargés de glaces, de meubles, de tapisseries traversant la forêt de Sénart... et si on demande aux conducteurs: pour qui tout ça?... ils répondent comme dans l'histoire du *Chat-Botté*... « C'est pour M. le marquis de... Ca... de Brunoy. »

LELOUP.
Mais qu'est-ce qu'i' veut donc faire de toutes ces belles choses?

GROS-JEAN.
C'est pour le château... il n'y a plus de meubles, il a tout donné dans le village!... Le père Leroux, le barbier, qui a des lustres en diamants de cristal!... Jean-Louis, le forgeron, des canapés en or, et la grosse mère Galichon, la blanchisseuse, qui ronfle avec ses trois jumeaux sous un baldaquin de velours.

GEORGETTE.
Et toutes les filles du village qu'ont chacune un grand miroir où qu'on se voit de la tête aux pieds.

GROS-JEAN.
Il nous comble de bienfaits, quoi!... Aussi tous les habitants de Brunoy se feraient tuer pour lui; mais il n'en est pas de même dans les environs: ils n'appellent M. le marquis que le fou de Brunoy... et pour mon compte, je crois que la tête n'y est plus.

LELOUP.
Ah! çà, où donc qu'il est passé, ton marquis?

GROS-JEAN.
Ma foi, je n'en sais rien.

LE MARQUIS, dans la coulisse.
Roule ta bosse!... une truellée au panier!

UN MAÇON.
Voilà, voilà.

CHŒUR.
Travaillons, etc.

(Pendant le chœur, le marquis paraît sur l'échafaud, et descend l'échelle. Il est vêtu en maçon, bonnet de laine, chemise grise; un riche jabot et une manchette se laissent voir; culotte bleue, couverte de plâtre; bas bleus et gros souliers.)

SCÈNE II.
LES MÊMES, LE MARQUIS.

LE MARQUIS.
On ne peut donc pas avoir de plâtre, ici?

GROS-JEAN.
Il en prendrait tout de même!... pas vrai, que vous n'êtes pas fier?

LE MARQUIS.
Je suis un ouvrier comme vous.

GROS-JEAN.
Ni plus, ni moins, et vêtu tout d'même... qu'il y a des fois que je ne sais pas si c'est vous ou moi qui est marquis.

LE MARQUIS.
C'est ce que je veux!... Ils ne m'ont pas laissé descendre jusqu'à eux, je me suis élevé jusqu'à vous.

GEORGETTE.
Aussi, dans tout le pays on ne parle que de marquis qui s'est fait manœuvre.

LE MARQUIS.
Ils en diront bien d'autres!

GROS-JEAN.
Dame! vous avez tout bouleversé à dix lieues à la ronde... planté, déplanté, bâti, débâti!

LE MARQUIS.
Et ça n'est pas fini... la rivière coule à une lieue du château; avant huit jours, je veux qu'elle passe ici pour arroser mon parc.

GROS-JEAN.
Mais la rivière est trop petite!... vos bassins

sont trop grands... faudrait la mer pour les remplir.

LE MARQUIS.

Prenez de l'or et allez la chercher. Je veux que Brunoy soit un autre Versailles, et ce Versailles sera pour vous.

TOUS.

Pour nous !

LE MARQUIS.

C'est vous qui l'habiterez.

GROS-JEAN.

Mon frère de lait devient timbré.

LE MARQUIS.

A compter d'aujourd'hui nous dînerons tous les jours ensemble ; six cents couverts dans la grande salle d'honneur... aux quatre coins, des tonneaux en chantier... le Romanée, le Bordeaux, le Champagne... Saignez la cave, éventrez la garenne.

GROS-JEAN.

Je vas-t-il m'engraisser !

LE MARQUIS.

En attendant, qu'on me tienne au courant des baptêmes et des mariages... la layette de l'enfant, la dot de la mariée seront aux frais du château... Georgette, c'est par la noce que l'on commencera.

GEORGETTE.

V'là une bonne idée ! n'est-ce pas Gros-Jean ?

LE MARQUIS.

Tu es contente ?

GEORGETTE.

Je suis mieux que ça !

Air de Léocadie.

Ah ! mon dieu ! que je suis heureuse !
Pour ma dot vous m'donnez d'l'argent,
Vous voulez que j'sois amoureuse,
Ça tombe bien, j'aime Gros-Jean,
Je suis dans l'âge où l'cœur s'agite ;
Enfin, j'vous l'dis, monsieu l'marquis,
Je suis bonne à marier tout d'suite,
Et voilà (ter) tout ce que je suis.

LE MARQUIS.

C'est très bien ! j'établis entre nous un traité d'alliance... Dès à présent faites ici comme chez vous... dites-le hautement !... que partout on le sache !... Plus de chaumières, un château pour tout le village... (A part.) Il y a bien, m'a-t-on dit, du cabaret à Versailles... J'espère bien qu'à Versailles on entendra les cris du cabaret de Brunoy.

(On entend sonner une cloche.)

Ah ! voici la cloche du déjeuner, bonne nouvelle !

GEORGETTE.

Et la soupe aux choux qui nous arrive !

LE MARQUIS.

Ma foi, ça se trouve bien !... j'ai un appétit de maçon.

SCÈNE III.

LES MÊMES, FEMMES, apportant la soupe.

CHŒUR.

A déjeuner la cloche nous invite,
Nous accourons, suspendez vos travaux ;
Vous accourez, suspendons nos travaux ;
Mais hâtez-vous, car l'heure passe vite,
Et le travail doit suivre le repos.

(Ils s'asseyent tous en rond avec leurs écuelles ; deux domestiques présentent au marquis son déjeuner sur un riche plateau.)

LE MARQUIS.

Qu'est-ce que c'est que ça ?

LE VALET.

Votre déjeuner.

LE MARQUIS.

Dans mon état, on mange la soupe aux choux. Qui me passe une écuelle ?

TOUS, présentant leur écuelle.

Moi !... moi !

LE MARQUIS.

Jour de Dieu ! mes gaillards, vous allez m'étouffer... Je dois au moins ma part du déjeuner. (Aux valets.) Du vin de ma cave à tout le monde !... du Chambertin.

TOUS, joyeux.

Du Chambertin.

LE DOMESTIQUE, étonné.

Du Chambertin.

LE MARQUIS.

Allez, valets !... Rien n'est trop bon pour mes enfants, mes compagnons. Leloup, dis à ton oncle, mon vieux concierge, de venir boire un coup en famille.

LELOUP.

Vous savez bien qu'il n'ose jamais boire avec son maître ?

LE MARQUIS.

Qu'il boive ou je le chasse !... l'aristocratie des concierges est intolérable, quand celle des marquis n'existe plus.

GROS-JEAN.

Mon frère de lait, vous vous conduisez bien, vrai, ma parole d'honneur... Mes amis, vive mon frère de lait, vive monsieur le marquis !

TOUS, choquant avec leurs écuelles.

A la santé de monsieur le marquis !

LE MARQUIS.

Très bien ! appelez-moi marquis ! j'aime mon titre quand je me vois ainsi vêtu !... Je suis heureux quand j'entends la voix de Gros-Jean qui me crie : « Monsieur le marquis, gâches serré ! »

GROS-JEAN.

C'est ça !... et nous la ronde des maçons.

(Par bis le chœur reprend avec l'acteur pendant toute la ronde.)

Vous dont le mérite mince
N'a pour éclat qu'un blason, } bis.
Soyez chef d'une province,
Comte ou prince,
Moi, j'aime mieux, sans façon, } bis.
Être maçon.

LE MARQUIS.
Leurs palais brillants d'lumière,
C'est nous qui les bâtissons ;
Les grands, d'une humeur si fière,
   Sur la terre
Vivraient comme des limaçons,
   Sans les maçons.

GROS-JEAN.
A la cour on est plein d'grâce,
Mais bien souvent le coton,
Sur le mollet qu'il remplace
   Change de place ;
Ça, c'est dur comm' du moellon
   Chez le maçon.

LE MARQUIS, *d'une voix flûtée.*
A table, en vidant leur verre,
Ils se croient gais comm' pinsons ;
En chantant le dieu de Cythère,
   Et Glycère,
   (*Avec force.*)
On chant' la mère Godichon
   Chez le maçon.

GROS-JEAN.
Près de l'amant qui la guette,
La d'moiselle des salons
Paraît timide, inquiète,
   Comme un' fauvette ;
On s'aime comme des pigeons
   Chez les maçons.

LE MARQUIS.
Lorsque la faveur chancelle,
Que duc, marquis ou baron
Fassent la culbute avec elle :
   Sur l'échelle
Qui monte et reste d'aplomb ?
   C'est le maçon.
   (*On danse sur le refrain.*)

TOUS.
Vive monsieur le marquis !

LE MARQUIS.
Vivent les maçons !

(*Cette scène doit finir par un tableau d'ivresse et de fraternité, très animé, pour motiver la surprise et l'indignation de madame de Montmartel.*)

SCÈNE IV.

Les Mêmes, LA COMTESSE, ADÉLAÏDE, ROSINE ; un VALET dans le fond.

LA COMTESSE.
Que vois-je ?... mon neveu sous ce costume !... quel scandale ! quelle horreur ! O mes aïeux ! je vais me trouver mal.

LE MARQUIS.
Ma tante !... (*Passant auprès d'elle.*) Madame de Montmartel ! Ma chère cousine !
(*Il affecte de prendre les manières d'un marquis, jette son bonnet de laine sous le bras, comme on jette le chapeau, et joue avec son jabot.*)

ADÉLAÏDE.
Mon Dieu ! mon cousin, comme vous voilà fait !

LE MARQUIS.
Ça, c'est un habit du matin !
(*Il tire un mouchoir brodé et se secoue avec.*)

LA COMTESSE.
Je vois, monsieur le marquis, qu'on ne m'avait pas trompée !... à merveille !... à la cour on est bien informé... l'héritier des Brunoy est devenu maçon.

LE MARQUIS.
Maçon, serrurier, menuisier, passant avec bonheur de l'enclume au rabot... on le sait à la cour ?

LA COMTESSE.
On en est indigné.

LE MARQUIS.
Bravo !

LA COMTESSE.
Et jusque chez le peuple... où si l'on n'y met ordre vous passerez bientôt en proverbe.

LE MARQUIS.
Ah ! j'ai donc attiré les regards de la noblesse ma sœur, et la vue du peuple mon frère ! la scène se passera en famille !

LA COMTESSE.
J'ai besoin de vous parler... Faites éloigner ces misérables.

LE MARQUIS, *étonné et souriant.*
Ces misérables !... à l'instant même. (*Aux paysans.*) Mes amis, mes frères, madame de Montmartel, ma tante, me charge de vous dire les choses les plus flatteuses... elle désire être seule avec moi... En attendant l'heure du travail, allez vous reposer sous ces arbres... j'irai bientôt vous rejoindre...

CHŒUR.
Mes amis, quittons nos travaux,
Après un moment de repos,
Le cœur est plus joyeux,
Et l'travail en va mieux.
(*Ils s'éloignent, et disparaissent.*)

SCÈNE V.

LE MARQUIS, LA COMTESSE, ADÉLAÏDE ; LE VALET, dans le fond ; ROSINE.

ADÉLAÏDE, *vivement.*
Mon cousin, si vous saviez ce que ma tante veut vous dire...

LA COMTESSE.
Rosine, emmenez Adélaïde.
(*Adélaïde sort en faisant des signes à son cousin.*)

LA COMTESSE, *l'apercevant.*
Nous sommes seuls... Avant toutes choses, me direz-vous, monsieur, ce que signifie l'étrange situation où je vous ai surpris

LE MARQUIS.
C'est la chose du monde la plus simple... L'homme n'est pas né pour vivre seul... j'avais des amis que je voulais aimer, chérir ! ils m'ont repoussé, méconnu, vous le savez ; mes paysans de Brunoy ont pris leur place... Vos seigneurs sont indignés, dites-vous ?... j'abaisse en ma personne les gens de qualité ?... si madame la comtesse veut nous faire l'honneur de

passer trois mois à Brunoy, elle pourra raconter à Versailles une foule de détails plus gracieux les uns que les autres.

LA COMTESSE.

Mais vous allez flétrir la jeune noblesse française.

LE MARQUIS.

Madame, feu la noblesse française était une chose sacrée... rendez-moi ces grands noms, et je m'inclinerai devant eux... les autres, j'en fais mon affaire... Mais changeons d'entretien... Vous aviez, disiez-vous, à me parler?

LA COMTESSE.

Ah! mon dieu!..... mon ami...

(Elle se baisse pour le prier.)

LE MARQUIS, lui prenant la main vivement.

Madame!... ma mère était votre sœur et je dois vous aimer.

LA COMTESSE.

S'il est vrai que je vous inspire quelque intérêt, ne repoussez pas la proposition que je viens vous faire.

LE MARQUIS.

Ma tante, je vous écoute.

LA COMTESSE.

Il s'agit d'un brillant mariage.

LE MARQUIS.

Un mariage! Sans doute, madame, vous n'ignorez pas que ma cousine est votre nièce, et que depuis long-temps...

LA COMTESSE.

Soigneuse de votre gloire, j'ai dû sacrifier mes plus chers intérêts; après votre conduite exagérée, il ne fallait rien moins que l'éclat d'un grand nom pour imposer silence à vos ennemis... Jugez de mon bonheur, le duc d'Aigueville, votre parent, consent à vous donner sa fille.

LE MARQUIS.

Le duc d'Aigueville!... dont on vante partout l'ambition et la vanité!... sa fille... la belle et gracieuse Émilie!... à moi qui maintenant suis tout-à-fait peuple!

LA COMTESSE.

A vous, qu'elle doit bientôt ramener à une vie d'ordre et d'honneur.

LE MARQUIS.

Il a donc oublié l'affront que m'a fait un homme de sa famille?

LA COMTESSE.

Il va venir vous parler... Comptez-vous le recevoir?

LE MARQUIS.

La jeune fille que vous venez m'offrir sera toujours, comme femme, en possession de mon respect... (A part.) Quant au duc, son père, c'est autre chose, c'est de la pâture qui m'arrive... Peut-être on a pressenti mes projets, on veut étouffer le scandale... Peut-être encore reviennent-ils à moi franchement... Dans tous les cas, l'usage permet d'introduire un parlementaire. (A sa tante.) Je verrai monsieur le duc.

LA COMTESSE.

Vous me rendez la vie. (Elle fait un signe au domestique, qui sort.) Hâtez-vous donc de prendre un costume plus convenable.

LE MARQUIS.

Non!... par exemple!... je reste comme je suis: lui duc, moi maçon!

LA COMTESSE.

Y pensez-vous!

LE MARQUIS.

Maçon ou invisible.

LA COMTESSE.

Allons... Par égard pour moi, laissez-moi du moins l'avertir.

LE MARQUIS.

Par égard pour vous, j'y consens; mais ne lui cachez pas la vérité: maçon, serrurier, menuisier, charpentier, choisissez... tout excepté marquis. Je vais rejoindre mes compagnons.

(Il sort en chantant.)

Lorsque la faveur chancelle, etc.

SCÈNE VI.

LA COMTESSE, puis LE DUC D'AIGUEVILLE.

LA COMTESSE.

Comment oser dire à monsieur le duc... n'importe, j'entreprendrai tout pour ramener mon neveu.

LE DUC, au domestique qui l'accompagne.

Faites dételer mes chevaux. (A la comtesse.) Eh bien! madame la comtesse, votre démarche nous est-elle favorable... la grande colère de notre jeune homme s'est-elle enfin calmée?

LA COMTESSE.

J'ose l'espérer, monsieur le duc... M. le marquis de Brunoy n'a pas fait difficulté de vous recevoir.

LE DUC.

A merveille... Veuillez donc me faire annoncer.

LA COMTESSE.

C'est que je ne sais, monsieur le duc, comment vous avertir d'une fantaisie de mon neveu.

LE DUC.

Pardieu! madame, sa réputation est faite, nous avons entendu parler de ses folies.

LA COMTESSE.

Oui, par malheur... mais je ne sais comment vous désigner le costume étrange qu'il s'obstine à garder.

LE DUC.

Le costume étrange!... serait-il par hasard dans un négligé...

LA COMTESSE.
Je voulais seulement vous apprendre que pour l'heure M. le marquis est maçon.

LE DUC, avec amertume.
Maçon !... Ah ! quelle indignité !... moi dont la naissance illustre !... dont la position brillante !...

LA COMTESSE.
Monsieur le duc, pardonnez une folie de jeune homme.

LE DUC.
Moi !... dont la faveur du monarque...

LA COMTESSE.
J'en étais sûre, le mariage est manqué.

LE DUC.
Après tout, cela m'est égal... Aux conditions que vous savez, je vous donne ma fille avec un de mes biens en Normandie ; en échange, vous me faites abandon de la terre de Brunoy, dont le jeune comte de Provence raffole : je lui en fais hommage... Une fois assuré de la reconnaissance du prince, j'espère que le bâton de maréchal, qu'on me dispute, s'arrêtera dans mes mains. Depuis quinze ans, j'ambitionne cette faveur qu'on cherche à m'enlever... Pour l'obtenir, je sacrifierai tout, fortune, famille !... Ainsi, vous le voyez, folies, boutades, extravagances !... avec Brunoy, je passe par-dessus tout !

SCÈNE VII.

LES MÊMES, QUATRE DOMESTIQUES ; LE MARQUIS, encore plus couvert de plâtre ; PUIS LES PAYSANS.

UN DOMESTIQUE, annonçant.
M. le marquis de Brunoy !

LA COMTESSE, à part.
De l'étiquette !... aurait-il entendu raison.

LE MARQUIS, entrant, une auge sur la tête.
Monsieur le duc, pardon de vous avoir fait attendre. (Aux domestiques.) Débarrassez-moi de ce meuble.
(Les domestiques le débarrassent de son auge.)

LE DUC.
Je suis venu vous témoigner le vif intérêt que vous m'avez inspiré.
(Il tend la main au marquis.)

LE MARQUIS, lui prenant la main.
Ah ! monsieur le duc !... (Il lui couvre la main de plâtre et blanchit son parement d'habit.) Ah ! pardon ! monsieur le duc ! (Il veut lui essuyer le parement avec sa manche de chemise et lui blanchit tout le bras.) Allons, bon ! diable de métier !
(Il rit aux éclats.)

LE DUC, riant aussi, et d'un air contraint.
Ah ! ah ! ah !

LE MARQUIS, riant.
Voilà ce que c'est que de fréquenter des ouvriers.

LA COMTESSE, à part.
C'est déplorable !

LE MARQUIS.
Je vous demande pardon si je travaille en votre présence, mais c'est une maison que je construis pour mon garde... d'ailleurs ça n'empêche pas de causer. Nous disons donc...
(Il prend une truelle et travaille au mur de la maison.)

LE DUC.
Madame la comtesse, votre tante, a dû vous faire part...

LE MARQUIS.
Oui, je sais... il s'agit d'un mariage ; mais franchement, j'en suis indigné, la bassesse de mon extraction !...

LA COMTESSE.
Oubliez-vous que je suis votre tante...

LE DUC.
Croyez bien, monsieur le marquis...

LE MARQUIS.
Plaît-il ! (Regardant autour de lui.) A qui s'adresse monsieur le duc ?

LE DUC.
Je vous disais, monsieur le marquis...

LE MARQUIS.
Je ne suis plus marquis, je porte le nom de mon père.

LE DUC.
Je croyais le connaître... quel est-il ?

LE MARQUIS.
Votre neveu doit le savoir : il y a trois mois, à Versailles, il a pris soin de me le rappeler.

LE DUC.
Mais vous avez payé l'offense d'un coup d'épée.

LE MARQUIS.
Qui croyez-vous le mieux guéri ?

LE DUC.
Ma fille réparera tout.

LA COMTESSE.
Laissez-vous rendre heureux.

LE MARQUIS.
Heureux !... Eh bien ! voyons à quelles conditions.

LE DUC.
D'abord, rompre avec vos paysans.

LE MARQUIS.
Ah ! ah !

LE DUC.
Reparaître à la cour.

LE MARQUIS.
Oh ! oh !

LE DUC.
Borner vos dépenses... Cette ruineuse propriété dissiperait votre belle fortune, vous l'échangerez contre une de mes terres.

LE MARQUIS, à part.
Monsieur le duc n'est pas dégoûté.

LE DUC.
Que dites-vous de cette offre ?

ACTE II, SCÈNE VII.

LE MARQUIS.
C'est une affaire comme une autre, on pourrait s'arranger.

LE DUC, à la comtesse.
A merveille!... j'aurai l'appui du comte de Provence.

LE MARQUIS, qui a entendu les derniers mots, à part.
Le comte de Provence!... en effet, posséder Brunoy est son plus grand désir... noble duc, je le croyais de bonne foi, c'est tout bonnement un ambitieux, et sa fille une victime. (Haut.) Monsieur le duc, c'est convenu; à quand le mariage?

LA COMTESSE.
Mon neveu, embrassez-moi.

LE MARQUIS, lui montrant le plâtre qui couvre ses habits.
Prenez garde, ma tante, ma tendresse est funeste. (Au duc.) C'est entendu, monsieur le duc, vous aurez Brunoy et je garderai ma position.

LE DUC.
Votre position de marquis.

LE MARQUIS.
Ma position de maçon.

LE DUC, à la comtesse.
Aimable jeune homme, il aime à rire.

LE MARQUIS.
La belle Émilie d'Aigueville, petite fille d'un ministre, nièce d'un cardinal, fille d'un duc, deviendra la femme d'un ouvrier.

LE DUC, à la comtesse.
Il faut flatter sa manie... il aime à plaisanter!... (Au marquis.) Mon cher ami, c'est entendu, moyennant Brunoy!... vous me le promettez?

LE MARQUIS.
Devant les témoins qui signeront mon contrat de mariage.

(Il va au fond.)

LE DUC.
Parbleu! je veux rire jusqu'au bout; Brunoy et le bâton de maréchal valent bien ça.

LE MARQUIS, au fond, appelant.
Oh! hé! oh! hé! oh! hé!

LES PAYSANS, dehors.
Voilà! voilà...

CHOEUR.
Air nouveau de M. Masset.
Nous voilà! quelles nouvelles
Nous rappellent en ces lieux;
A votre voix toujours fidèles,
Vous obéir nous rend heureux.

LE MARQUIS.
Compagnons de mes travaux et de mes plaisirs, un mariage m'est offert... je viens vous demander d'approuver le choix de ma nouvelle famille.

LE DUC, à part.
Quelle insolence! (Haut.) C'est fort divertissant.

LE MARQUIS.
Je vous présente mon beau-père!

LE DUC.
Monsieur le marquis, cette raillerie est d'un excellent goût.

LE MARQUIS.
N'est-ce pas? c'est le prix de Brunoy.

LE DUC, d'un air aimable.
Et ce n'est pas trop cher.

LE MARQUIS.
Les d'Aigueville viennent s'offrir à moi; ils ont de vieux et honorables aïeux, des arbres généalogiques qui ombrageraient toute la forêt de Sénart, un nom couvert de rouille; ils ont des prétentions à la couronne de France, et ils viennent m'offrir tout cela à moi, fils d'un financier anobli pour ses écus.

LE DUC.
Et par ses brillantes qualités.

LE MARQUIS.
A moi, non le marquis de Brunoy, mais à moi, votre égal, qui prends pour ne plus le quitter, le nom de Nicolas Tuyau.

LE DUC.
Charmant!... je vous admire, monsieur Nicolas Tuyau, mon gendre.

LE MARQUIS, présentant sa main.
Je vous attends, monsieur le duc, mon beau-père.

TOUS.
Vive Nicolas Tuyau!

(Le marquis, le duc et la comtesse sortent; les ouvriers les accompagnent en répétant leurs cris.)

ACTE TROISIÈME.

Le théâtre représente un riche salon du château de Brunoy, où tout est disposé pour la signature d'un contrat.

SCÈNE I.

ADÉLAÏDE; ÉMILIE, assise, un livre à la main.

ÉMILIE.
Allons, il faut me résigner et chercher à dissiper mon chagrin en songeant à la richesse de cette alliance.

ADÉLAÏDE, à part.
La voilà donc cette femme pour laquelle mon cousin m'oublie; j'espère encore, l'indifférence qu'il met à la voir me console; au lieu

de venir près d'elle, il est pour le moment dans le parc, occupé de ses ouvriers.

ÉMILIE, se levant.
Pourquoi, mademoiselle, ne voyons-nous pas M. le marquis?

ADÉLAÏDE.
Je n'en sais rien, mademoiselle, et ce n'est pas moi qui dois me plaindre de son peu d'empressement.

ÉMILIE.
Je m'en offense, moi.

ADÉLAÏDE.
Il est donc décidé que vous allez l'épouser.

ÉMILIE.
Mon père le veut, je dois y consentir; malgré le caractère singulier de celui qu'on me destine, sa fortune est assez belle pour lui valoir l'honneur de s'allier aux d'Aigueville!

ADÉLAÏDE, à part.
Elle est aussi fière que ma tante.

ÉMILIE.
Nous allons l'emmener à la cour.

ADÉLAÏDE.
Je ne crois pas que vous y parveniez, et franchement, j'espère que cela rompra ce mariage.

ÉMILIE.
Vous l'espérez?...

ADÉLAÏDE.
C'est bien naturel; j'aime mon cousin depuis l'enfance, moi; jamais je ne consentirais à me marier à un autre, fût-il encore plus riche et plus aimable que lui. Quand on m'a parlé de vous, un espoir m'a soutenu, je me suis dit: Peut-être mademoiselle d'Aigueville aimera-t-elle ailleurs, et alors elle ne voudra pas aimer mon cousin.

ÉMILIE, à part.
Que dit-elle?... personne ne doit connaître... (Haut.) Vous vous trompez, mademoiselle, j'aurais eu le malheur d'être éprise du frère du roi lui-même, je n'en aurais pas moins obéi à mon père.

ADÉLAÏDE.
C'eût été bien agréable pour votre mari!

ÉMILIE.
Ma chère amie, vous ne comprenez pas ce qu'on exige des personnes de haute naissance, comme moi.

ADÉLAÏDE.
Oh! si, je crois comprendre que dans le grand monde, aurait-on une passion dans le cœur, on l'étoufferait par ambition, et qu'on ferait le malheur de celui qui nous aimerait. Moi, j'ai été élevée à la campagne.

ÉMILIE.
Air nouveau de M. Masset.

Au sein d'un bal ou d'une fête
S'amuser avec dignité,
Ne daigner faire une conquête
Que parmi gens de qualité,
Dans ses regards, avec prudence,
Cacher souvent un doux retour...
Plaire par ordre, aimer par convenance,
Voilà les amours de la cour.

ADÉLAÏDE.
C'est fort noble.

Quand l'ambition les entraîne,
Pour les époux plus de douceur,
Attachés à la même chaîne
Sans pouvoir rapprocher leur cœur;
Sous une fière indifférence
Cachant les peines de l'amour...
Trompeurs, trompés, mais avec convenance,
Voilà les maris de la cour.

LE COMTE DE VALMONT, dehors.
Je veux parler à monsieur le marquis.

ÉMILIE.
Qu'entends-je? quelle voix!... Mademoiselle, veuillez m'excuser, je retourne au salon auprès de madame votre tante.

(Elle sort.)

ADÉLAÏDE.
Oh! que je ne pense pas comme elle!

━━━━━━━━━━━━━━━━━━━━━━━━━━━━━━━━

SCÈNE II.
LE COMTE DE VALMONT, ADÉLAÏDE.

VALMONT, au fond, aux domestiques.
Mais laissez-moi donc entrer, je viens parler à monsieur le marquis!

ADÉLAÏDE.
Pardon, monsieur, mais il n'est pas ici.

VALMONT.
Alors, mademoiselle, je vous demanderai la permission de l'attendre. (A part.) Non, non, je ne saurais le croire.

ADÉLAÏDE.
Qu'a donc ce jeune homme? décidément l'air de Brunoy est fatal.

VALMONT.
Si cependant c'était la vérité! si mademoiselle d'Aigueville épousait monsieur le marquis... oh! alors, malheur à lui ou à moi.

ADÉLAÏDE.
Ah! mon Dieu!

VALMONT.
Pardon, mademoiselle, pardon, si devant vous je ne puis maîtriser l'agitation où vous me voyez; mais si vous saviez... Oh! je puis tout vous dire; vous paraissez si bonne!

ADÉLAÏDE.
Parlez, monsieur.

VALMONT.
Voilà ce que c'est, mademoiselle: je suis simple lieutenant de mousquetaires, mais brûlant de suivre les traces des capitaines qui ont illustré le pays.

ADÉLAÏDE.
Calmez-vous, monsieur.

VALMONT.
Ma famille habite Versailles; mon père est

un pauvre gentilhomme qui ne peut guère m'aider à acheter un régiment ; je suis le comte de Valmont. Au couvent de ma sœur, je vis une belle demoiselle, et j'en devins éperdument amoureux ; être pauvre, cela n'empêche pas d'avoir le cœur tendre, au contraire.

ADÉLAÏDE.
C'est tout simple. (Se reprenant et rougissant.) Achevez, monsieur.

VALMONT.
Elle répondit à mon amour ; Émilie et moi, nous formions les plus beaux projets pour l'avenir.

ADÉLAÏDE.
Émilie !...

VALMONT.
Il y a quelques jours seulement, elle jurait encore de m'aimer pour la vie... lorsque ce matin je me présente au parloir, et ma sœur m'apprend que mademoiselle Émilie est partie dans la nuit pour aller épouser monsieur le marquis de Brunoy ; alors, pour la première fois, je me suis avisé de demander le nom de famille de celle que j'aimais, et j'ai su qu'elle était la fille de monsieur le duc d'Aigueville.

ADÉLAÏDE, à part.
Pauvre jeune homme !

VALMONT.
Mademoiselle d'Aigueville !... c'est un beau nom ; mais le mien peut grandir quelque jour !... je me rendrai digne d'elle ! Persuadé qu'on faisait violence à son cœur, je suis venu m'opposer à ce mariage.

ADÉLAÏDE, à part.
Ah ! le brave jeune homme ! (Haut.) Veuillez donc vous asseoir ! oui, vous avez raison, il faut s'opposer à ce mariage.
(Ils s'asseyent à droite.)

VALMONT.
Il ne faut jamais séparer deux cœurs qui s'entendent.

ADÉLAÏDE.
C'est bien ma façon de penser.

VALMONT.
Je vais dire à ce marquis : Monsieur, je n'ai pas de titres comme vous, mais j'aime mademoiselle d'Aigueville.

ADÉLAÏDE.
Bien !

VALMONT.
Elle m'aime, j'en ai les preuves.

ADÉLAÏDE.
Très bien !

VALMONT.
Et si vous voulez me désespérer en l'épousant, je vous tuerai.
(Il se lève.)

ADÉLAÏDE, se levant.
Non, non, par exemple, je m'y oppose, parceque, si vous le tuez, moi je ne pourrai plus l'aimer.

VALMONT, surpris.
Pardon, mademoiselle, à qui ai-je l'honneur de parler ?

ADÉLAÏDE.
A la cousine de monsieur le marquis de Brunoy, qui vous aura la plus grande obligation si vous empêchez ce mariage, et si vous ne tuez pas son cousin.

VALMONT.
Cela peut s'arranger... mais il faut que je lui parle. Où puis-je trouver monsieur le marquis ?

ADÉLAÏDE.
Vous le trouverez sûrement dans le parc.

VALMONT.
C'est ce que m'ont dit les domestiques ; mais je l'ai parcouru, et je n'ai trouvé qu'un jeune homme, une espèce de voiturier, occupé de chevaux.

ADÉLAÏDE.
Retournez près de ce jeune homme.

VALMONT.
Il me l'indiquera ?

ADÉLAÏDE.
C'est monsieur le marquis lui-même ; il est charretier pour aujourd'hui.

VALMONT.
Quelle bizarrerie !... On m'avait bien dit que c'était un original, mais je ne croyais pas... J'y cours ; au revoir, mademoiselle.
(Il sort.)

ADÉLAÏDE.
J'ai bien peur que ce jeune homme n'obtienne rien ; ma tante a tellement tourmenté mon cousin pour conclure ce mariage.

SCÈNE III.
ADÉLAÏDE, LA COMTESSE, LE DUC D'AIGUEVILLE, ÉMILIE, TOUTE LA FAMILLE.

LE DUC.
Entrez, entrez, messieurs, c'est ici qu'on doit signer le contrat.

ÉMILIE, regardant autour d'elle et à part.
Valmont n'est pas là, je tremblais de l'y trouver.

LE DUC.
Madame la comtesse, M. le marquis tarde bien à paraître.

LA COMTESSE.
Je vous réponds de sa docilité ; j'ai eu ce matin une conversation particulière avec lui ; il apprécie l'honneur que vous lui faites et les mérites de mademoiselle d'Aigueville !... De lui-même, il a fait partir une voiture à quatre chevaux pour aller chercher le notaire du roi, à Paris.

LE DUC.
Le notaire du roi !... voilà une attention à laquelle ma fille et moi sommes très sensibles.

ÉMILIE.
Il paraît que M. le marquis commence à s'amender.

LE DUC.
Eh !.. n'épouse pas une d'Aigueville qui veut. (Bas à madame de Montmartel.) La petite clause tient toujours : ma fille unique, mais Brunoy.

LA COMTESSE.
Cela va sans dire.

LE DUC.
C'est que j'y tiens expressément, et vous savez pourquoi.

ADÉLAÏDE, au fond.
Voici mon cousin.

SCÈNE IV.

Les Mêmes; LE MARQUIS, en charretier, un fouet à la main.

CHŒUR.
Air de la Périchole.

Ciel ! quelle tournure !
Devrait-il ici,
Devant sa future,
Se montrer ainsi !...
C'est nous méconnaître !
Sous de tels habits
Peut-on reconnaître
Ce brillant marquis ?

LE DUC, à part.
Il paraît que la plaisanterie dure encore.

LE MARQUIS.
Enchanté de vous voir, monsieur le duc; voilà donc ma belle fiancée. Savez-vous, ma jolie demoiselle, que vous êtes une bonne fortune pour un homme de ma profession ! une petite femme comme vous, ça sera joliment gentil à conduire.

ÉMILIE, à part.
Quel ton !

LE DUC.
Monsieur le marquis, je vous ferai observer que ma fille sort d'un couvent où la réserve du langage égale la sévérité des mœurs.

LE MARQUIS.
Est-ce que j'ai dit quelque chose de douteux ? il ne faudrait pas m'en vouloir, je fais tout mon possible pour prendre le ton de la cour... et ça me vient !... Ah! je fais des progrès !... effrayants... Ah! ah! ah!

LE DUC, riant.
Ah! ah! ah! je vois ce que c'est, vous continuez la plaisanterie.

LE MARQUIS.
Toujours la plaisanterie d'hier. Je vous demande pardon si je me suis fait attendre, j'avais quelques voies de bois à porter à mes paysans, de pauvres paysans malades; je les aime comme mes frères... et je viens, moi, marquis de Brunoy, de remplir mes fonctions de charretier

avec un tact, une délicatesse... je défie vos marquis, à vous, de mener une charrette aussi bien que moi. Oh, hu, dia, oh, eh, eh!
(Il fait claquer son fouet, et l'accroche à un portrait de ses ancêtres, au fond.)

ADÉLAÏDE.
Comme ça les met tous en colère.

ÉMILIE, à son père.
Est-ce une dérision ?

LE DUC.
C'est une plaisanterie.

LE MARQUIS.
Pas autre chose.
(Les domestiques placent la table au milieu du théâtre.)

LA COMTESSE.
Puisque vous êtes si gai, vous pouviez rire sans oublier que mademoiselle est d'une naissance...

LE MARQUIS.
Eh bien ! est-ce que je ne suis pas né, moi; je vois ce que c'est, vous regrettez l'habit de maçon; j'ai pris celui-ci par considération pour le velours de monsieur le duc : hier je l'ai rendu tout blanc... avec ça il n'y a pas de risque, c'est bon teint.

ÉMILIE.
Mon père !...

LE DUC.
Patience, ma fille, patience !

UN VALET, annonçant.
M. le notaire du roi !

ADÉLAÏDE.
Ah ! mon Dieu !

LA COMTESSE.
Enfin !...

SCÈNE V.

Les Mêmes; LE NOTAIRE DU ROI, assisté de DEUX CLERCS.

LE MARQUIS.
Vous arrivez à propos, monsieur le notaire. Placez-vous-là.
(Le notaire et ses clercs s'asseyent à la table. — Tout le monde s'assied.)

LE MARQUIS, se levant.
Ah! çà, monsieur le duc, il est bien convenu que rien ne force la volonté de mademoiselle ?

LE DUC, se levant.
Ah! mon désintéressement, mon cœur de père...

LE MARQUIS.
Bien, bien, je connais votre cœur de père. (Le duc se rassied. — Prenant Émilie par la main, à part.) Et vous, mademoiselle, ce n'est pas contre votre gré... et jamais votre cœur ?...

ÉMILIE.
Monsieur !...   (Elle se rassied.)

LE MARQUIS, allant se placer à la table.
Parfait !... Allons, monsieur le notaire... puis-

que je me marie, écrivez... écrivez mon testament.

TOUS.

Son testament!

LA COMTESSE, au marquis.

Nous sommes ici pour un mariage.

LE MARQUIS.

Eh bien! noble et haute tante, nous ferons le mariage après le testament.

LE DUC.

En voici bien d'une autre.

LE MARQUIS, se levant.

Tel que vous me voyez, je cours en ce moment le plus grand danger; il y a dans le parc, un mousquetaire qui m'attend pour me tuer.

ADÉLAÏDE, à part.

Grand Dieu!

ÉMILIE, à part.

O ciel! serait-ce Valmont!

LE DUC, à part.

Diable!... je ne sais plus si c'est encore une plaisanterie.

LE MARQUIS.

Or, à tout événement, je dois prendre mes précautions. (Au notaire.) Écrivez!... Moi, marquis de Brunoy, conseiller, secrétaire du roi, maison, couronne de France et de ses finances, charetier pour le quart-d'heure, sain de corps et d'esprit... Fais connaître par le présent mes dernières volontés à qui de droit.

(Il se rassied.)

LE NOTAIRE.

Après.

LE MARQUIS.

D'abord, quand je serai mort, je veux que l'on m'enterre.

TOUS, excepté Adélaïde.

Il est tout-à-fait fou!

LE MARQUIS.

Que l'on m'enterre avec une magnificence digne d'un roi... Deux millions de ma fortune seront employés à cet usage.

LA COMTESSE.

Mais mon neveu...

LE MARQUIS.

Rassurez-vous, ma tante; quand votre tour viendra, j'en dépenserai trois... ça sera dans l'acte. Je veux que tous les arbres du parc portent mon deuil; que des pleureuses soient attachées au front des statues de marbre; mon château couvert d'un crêpe immense du faîte à la base, et les eaux du parc teintes en noir.

LA COMTESSE.

Mais mon neveu...

LE MARQUIS.

Rassurez-vous, noble et haute tante; quand vous mourrez, je ferai teindre la rivière.

LA COMTESSE.

Vous me déchirez le cœur.

LE MARQUIS.

Votre cœur, comme le mien, dans un vase d'or avec vos noms et qualités!... je n'épargnerai rien pour vous, ne trouvez donc pas mauvais que je n'épargne rien pour moi.

LE DUC, à part.

Si Brunoy n'était pas au bout de tout cela...

LE MARQUIS.

En plus, je lègue et donne à chaque habitant de ce village, deux mille livres de revenu, ce qui fait trois millions bien comptés.

LA COMTESSE.

C'est à n'y plus tenir!... Trois millions à des étrangers!... Que feriez-vous donc pour votre cousine et pour moi?

LE MARQUIS.

Vous, ma tante, vous êtes riche; ma cousine, c'est différent... (Au notaire.) Écrivez! je donne à mademoiselle Adélaïde de Montmartel, ici présente, la statue de l'amitié qui se trouve dans mon parc, en face du château.

TOUS.

Ah!...

LE MARQUIS.

C'est un chef d'œuvre. A ma tante? je ne lègue rien du tout à ma tante.

LA COMTESSE.

C'est une abomination!

LE MARQUIS.

Passons à la terre de Brunoy.

LE DUC.

Enfin...

LE MARQUIS.

Brunoy, c'est autre chose, je le lègue et donne, après ma mort, au roi d'Angleterre.

TOUS, se levant.

Au roi d'Angleterre!

LE MARQUIS, froidement.

Au roi d'Angleterre.

LE DUC.

Mais monsieur?...

LE MARQUIS.

C'est ma fantaisie, mon codicile dira pourquoi. Je signe; si je ne suis pas tué, dans un moment nous ferons le contrat de mariage.

(Il sort précipitamment.)

SCÈNE VI.

Les MÊMES, excepté LE MARQUIS.

CHŒUR.

Air nouveau de M. Masset.

Ah! grand dieu! quelle extravagance!
Et quel peut être son dessein?
Cet acte devient une offense,
Il faudra qu'il s'explique enfin.

LE DUC.

C'est une horreur!

LA COMTESSE.
Oh! j'étouffe de colère!
ÉMILIE.
Mon père, retournons à Versailles.
LE DUC.
Un moment!... Monsieur le notaire, il est impossible qu'un pareil acte soit valable.
LE NOTAIRE.
Toutes les formalités sont remplies, et à moins de prouver que le testateur est en démence...
TOUS.
Nous le prouverons.
(On entend deux coups de pistolets.)
ÉMILIE.
O ciel! Valmont!
ADÉLAÏDE.
Mon cousin, mon pauvre cousin!
(Émilie et Adélaïde courent au fond.)
LE DUC.
Il paraît que c'était sérieux.
ADÉLAÏDE.
Ah! le voilà! il n'est pas blessé!

SCÈNE VII.

Les Mêmes; LE MARQUIS, accourant avec tous les paysans.

LE MARQUIS.
Non, Adélaïde, je ne suis pas blessé... (à Émilie.) et je n'ai blessé personne. (Aux paysans qui sont dans l'antichambre.) Restez là, vous autres.

LE DUC, avec une colère étouffée.
Monsieur le marquis, vous avez poussé loin la comédie.

LE MARQUIS.
Bah! vous vous en apercevez!...
LE DUC.
Vous m'aviez promis Brunoy.
LE MARQUIS.
Et je ne vous le donne pas!... Vous parlez de comédie... Si autre chose que l'intérêt eût dirigé votre cœur de père, vous n'auriez pas souffert que le prétendu de la belle Émilie se posât comme un bouffon devant elle; mais le comte de Provence est amoureux de ma propriété!... C'est trop juste, je l'aurai faite belle pour lui ; je l'ai plantée, embellie, pour ménager à monsieur le comte du repos et de l'ombre; j'ai été le maçon de son altesse ; mes eaux joueront pour ses grandes dames!... Vous espériez cela, monsieur le duc!... Si je vous ai reçu, c'est que votre famille m'avait fait un affront sanglant; j'ai voulu prouver que ma noblesse est digne de la vôtre, puisque vous m'offrez votre alliance!... Cette alliance, je la refuse!... Le château, vous ne l'aurez pas!... Monsieur le duc, le fou vous a joué!...

(Tableau. — Adélaïde et Émilie témoignent leur joie; le duc, madame de Montmartel et les parents sont furieux; le marquis, riant aux éclats, se place dans un fauteuil à droite et les regarde partir ; Adélaïde se place debout, auprès du marquis.)

CHŒUR.
Air nouveau de M. Massel.

Vengeance! (bis.)
Quittons ces lieux ;
Vengeance! (bis.)
De ce tour affreux !

ACTE QUATRIÈME.

Le théâtre représente l'intérieur du parc de Brunoy.

SCÈNE I.

Mme DE MONTMARTEL, LE BARON, LA BARONNE, ADÉLAÏDE.
(Ils sont assis.)

LE BARON.
Oui, ma chère parente, vous n'en pouvez douter, toute la cour a ressenti l'affront fait par votre neveu à une des plus anciennes familles de France.

MADAME DE MONTMARTEL.
Vous devez croire que j'en ai gémi la première.

LE BARON.
Quoique bien jeune encore, mademoiselle de Montmartel est, j'en suis sûr, de notre avis.

ADÉLAÏDE.
Peut-être, monsieur le baron, mon inexpérience me fait-elle mal juger les choses; mais depuis que mon cousin a refusé ce mariage, je l'ai trouvé fort raisonnable.

MADAME DE MONTMARTEL.
Aussi, pourquoi demandez-vous l'opinion de cette petite fille? Du reste, j'espère voir bientôt s'apaiser le courroux de la famille ; je le crois animé des meilleures dispositions; depuis hier que vous êtes venus nous annoncer la visite du comte de Provence, mon neveu bouleverse tout le château pour le recevoir dignement.

ADÉLAÏDE.
Rien n'est beau comme le parc! et le village! chaque chaumière est devenue un palais!

LA BARONNE.
Oui, il sait tomber facilement d'un excès dans un autre!

MADAME DE MONTMARTEL.
De grâce, m'avez-vous bien dit le vrai motif de la visite du comte? les d'Aigueville sont puissants, peut-être ils auront mis le prince de leur côté.

LA BARONNE.
La vérité est...

LE BARON, l'interrompant.
La vérité est que le comte de Provence vient savoir pourquoi le marquis persiste à se tenir éloigné de la cour...

ADÉLAÏDE.
Je suis sûre qu'il se trame quelque méchanceté contre mon cousin; je le préviendrai de tout.

LE MARQUIS, dans la coulisse.
Des fleurs, toujours des fleurs; qu'on en sème par-tout...

MADAME DE MONTMARTEL.
Le voici...

SCÈNE II.

Les Précédents, LE MARQUIS.

LE MARQUIS offre des fleurs qu'il tient à la main à sa tante et à sa cousine.

Ma tante, daignez accepter... ma cousine!...

ADÉLAÏDE.
Ah! mon cousin, quelle galanterie!

LE MARQUIS.
Elle n'était pas préméditée, ce n'est qu'en les voyant que j'ai pensé à vous; mon oncle et madame la baronne, recevez mes hommages.

MADAME DE MONTMARTEL.
Tout est-il prêt pour recevoir le prince?

LE MARQUIS.
Dans un instant, et j'espère qu'il sera content de la réception; on voulait m'arracher Brunoy pour le lui donner: eh bien, moi, j'ai confiance en lui, je ne crains pas de l'embellir; on a sablé de sable fin, jusqu'à deux lieues d'ici, la route de Paris à Brunoy; la butte de Montgery, si fatale aux voitures, vient d'être rasée dans la nuit; dix arcs de triomphe, échelonnés dans l'avenue qui conduit au château; plus de pavé! des fleurs! Ah! voilà qui ne sent plus le maçon, mais un prince philosophe à genoux devant celui-là. Si vous saviez, ma tante, combien, par fois, j'ai regret de vous avoir affligée!

MADAME DE MONTMARTEL.
Que vous êtes bon!

LE MARQUIS.
Et la collation, les rafraîchissements, et la fête dans tout le village! une rosière, vingt mille livres de dot!

MADAME DE MONTMARTEL, à part.
Allons, il a décidé de nous ruiner!

LE BARON, de même.
Nous saurons y mettre ordre.

LE MARQUIS.
Tenez, tenez, encore des fleurs... (Aux paysans qui entrent.) Bien, mes amis, placez tout avec soin... Et voyez, ma tante, ce ne sont plus là des charpentiers, des couvreurs! leurs habits du dimanche! A quelle heure arrive le prince?

LE BARON.
Nous l'apprendrons par le duc d'Aigueville, qui doit le précéder de peu d'instants.

LE MARQUIS.
Le duc d'Aigueville!

LE BARON.
Accompagné de son neveu, qui fait partie de la suite du comte!

LE MARQUIS.
Le neveu du duc d'Aigueville qui fait partie de la suite... Le comte ne vient pas seul?

MADAME DE MONTMARTEL.
Impossible! et l'étiquette!

LE MARQUIS.
C'est tout simple, un prince philosophe! (A part.) J'avais pourtant presque oublié ma haine, le duc d'Aigueville, les courtisans. (Se tournant vers les paysans.) Allons, vous autres, venez m'aider à recevoir la cour.

(Les paysans l'entourent.)

MADAME DE MONTMARTEL.
Ah mon Dieu! est-ce que cela le reprend?... Que prétendez-vous faire de tous ces rustres?

LE MARQUIS.
C'est vrai, ce sont des rustres, ça ne serait pas poli; il faut à ces messieurs des gens de qualité. J'en vais faire; écoutez-moi tous : On me reproche dans le monde d'avoir oublié que vous étiez mes vassaux, d'avoir partagé vos travaux, de vous avoir admis à ma table... on a raison; malgré mon amitié pour vous, il n'en est pas moins vrai que vous n'êtes que des vignerons, des serruriers, des engraisseurs de volailles, et que je suis marquis de Brunoy! Pour en finir avec tous les reproches dont on m'assomme, je prétends que vous soyez marquis comme moi: ce qui va avoir lieu sur-le-champ.

GROSJEAN.
Nous allons être marquis!

LE MARQUIS.
Et vous serez marquis avec marquisats, ce dont beaucoup ne sauraient se flatter en France.

MADAME DE MONTMARTEL.
Mon neveu!

LE MARQUIS.
Pardon, ma tante, je suis à vous dans la minute. Je vous donne à chacun un quartier de terre, pris dans mes possessions de Brunoy; toi, fils de vigneron, je te crée marquis de la Chopine-Vieille; tes armes seront d'azur au gobelet d'argent.

ADÉLAÏDE, *retenant madame de Montmartel.*
Ma tante !

LE MARQUIS, *à Gros-Jean.*
Toi, fils de laboureur, tu porteras de sable à la gerbe-fleurie d'or, avec deux ânes pour supports.

GROS-JEAN.
Comment ! c'est là l'emblème de ma famille !

LE MARQUIS, *aux autres paysans.*
Toi, marquis de la futaillière ; toi, là-bas, marquis de la chaudière : ton écusson, deux chaudières l'une sur l'autre, comme la maison de Lara, en Espagne !
(*Madame de Montmartel fait un pas vers le marquis.*)

LE MARQUIS.
Laissez, madame. Le duc d'Aigueville, on ne saurait trop l'honorer ; l'opinion du monde est satisfaite, condescendons à ses préjugés de costumes. (*A un domestique.*) Donnez des bas de soie, des perruques poudrées et des souliers à boucles à messieurs les marquis. (*A un autre.*) Vous, des jabots et des épées à messieurs les marquis. — Un valet de chambre ! (*Le valet s'approche.*) Lavez le visage et les mains à messieurs les marquis. Le temps de passer un habit, et je suis près de vous. Suivez-moi tous !
(*Il sort avec les paysans.*)

SCÈNE III.

LES MÊMES, *excepté* LE MARQUIS ; *puis* LE DUC D'AIGUEVILLE.

MADAME DE MONTMARTEL.
Pourvu qu'il n'aille pas offenser le prince.

LE DUC, *entrant.*
Son altesse royale descend de voiture, êtes-vous prêts à la recevoir.

MADAME DE MONTMARTEL.
Vous me voyez dans le plus grand effroi ; mon neveu se prépare à commettre une extravagance qui passe toutes celles que nous avons vues jusqu'à présent.

LE DUC.
Tant mieux ! j'aurai ma lettre de cachet.

MADAME DE MONTMARTEL *et* ADÉLAÏDE.
Une lettre de cachet !

LE DUC.
Aujourd'hui même le comte de Provence doit me la remettre : j'ai voulu punir le marquis de Brunoy de l'affront qu'il m'a fait, et ma vengeance est assurée...

ADÉLAÏDE.
Mon dieu, mon dieu ! que faire !
(*On entend des coups de fusils, le son des cloches et les cris : Vive le comte de Provence !*)

LE DUC.
Voici M. le comte.
(*Tous les paysans et paysannes se groupent au fond du théâtre, tenant des fleurs qu'ils vont offrir au comte. Huit domestiques en grande livrée se rangent devant eux, et annoncent l'arrivée du prince.*)

SCÈNE IV.

LES MÊMES ; LE COMTE DE PROVENCE *et sa suite.*

CHOEUR.
Honneur (*bis.*) à son altesse !
Que sa présence dans ces lieux
Soit le signal de l'allégresse !
Son aspect nous rend tous heureux.
Oui, son aspect comble nos vœux.
Vive le prince qui nous rend heureux !
(*Musique sur l'arrivée du comte, qui descend la scène. Tout le monde se tient à distance.*)

LE COMTE.
On ne m'avait pas trop vanté la terre de Brunoy : c'est d'une grandeur... d'une magnificence !... mon domaine de Grosbois ne lui saurait être comparé : j'ai voulu voir cet homme qui me résiste avec tant de force ! qui me refuse ce que tant d'autres étaient venus m'offrir comme un caprice facile à satisfaire !... Dans le mécontentement que m'a fait éprouver cette résistance, on a voulu m'arracher une lettre de cachet ; mais ce sont là de tristes privilèges et jamais je ne sacrifierai la liberté d'un homme, sans savoir si je fais un acte de justice.

SCÈNE V.

LES MÊMES, LE MARQUIS.

LE MARQUIS.
Mon prince, vous me voyez confus de l'honneur que vous daignez me faire !... Dans la joie que m'a causé l'attente de votre visite, je n'ai songé qu'à vous !

LE COMTE.
Monsieur de Brunoy, quelle réception magnifique !

LE MARQUIS.
Pour vous, mon prince, rien de trop beau ! pour vous, respect et dévouement... Mais je ne m'attendais pas à voir paraître ici ces messieurs... Brunoy est si loin de Versailles... puisque les voilà, permettez-moi, monseigneur, de les recevoir avec tous les honneurs que je leur dois ?
(*Il fait un signe, tous les paysans vêtus en marquis paraissent. — Aux seigneurs.*) Messieurs, je vous présente ma cour.

CHOEUR.

LES PAYSANS, *en marquis.*
Quel honneur ! (*bis.*)
Ah ! pour nous quel bonheur !
Nous venons tous en chœur
Chanter vive monseigneur !

LES SEIGNEURS.
Quelle horreur ! (*bis.*)
Mépriser la grandeur,
Offenser notre honneur,
Manquer à monseigneur !

LES COURTISANS.
Quelle audace !

ACTE IV, SCÈNE V.

LE DUC.
Ah! mon prince, c'est une horreur! c'est se jouer des choses les plus respectables!

LE COMTE, riant.
Ah! pardon, monsieur le duc, ah! ah! les étranges figures!

LE DUC.
Vous riez, monsieur le comte.

LE COMTE.
Oui, certainement, je ris, monsieur le duc!... voyez donc ces tournures! vraiment, vous avez fait merveille de me conduire ici!... au moins si à Versailles, ils étaient tous comme cela, ce serait plus amusant!... si le roi, mon grand père, pouvait en avoir de pareils à son petit lever, il serait tous les jours de bonne humeur.

ADÉLAÏDE, à part.
Il ne se fâche pas! quel bonheur!

LE MARQUIS.
Si monsieur le comte trouve mes gentilshommes dignes d'exciter sa gaîté, nous pourrions tenter un échange...

LE DUC.
Ah! c'est trop fort.

LE COMTE, bas aux courtisans.
Allons, messieurs, n'allez-vous pas vous fâcher! vous m'avez dit tant de fois que monsieur le marquis était fou, que rien ici ne doit vous étonner! Songez que d'ailleurs, je désapprouverais le moindre murmure! (Haut.) Monsieur le marquis, je vous fais compliment de votre entourage; mais quelque philosophie qu'on ait, il y a des règles d'étiquette imposées à mon rang de prince; ce n'est pas tout de se livrer au plaisir, il faut savoir au moins en compagnie de qui on va se divertir.

LE MARQUIS
C'est trop juste, mon prince.

LE COMTE.
Vous avez voulu rire un peu aussi de ces messieurs qui m'accompagnent; mais avant de vous donner ce droit, il faut que je sache si les services de vos courtisans peuvent égaler ceux que mes gentilshommes ont rendus à l'état.

LE MARQUIS.
Par égard pour ces messieurs, qui n'ont jamais rien fait, je n'aurais pas voulu les mettre au niveau de gens qui ont travaillé toute leur vie; mais vous l'exigez, monseigneur, et je vais comparer les titres... je prends au hasard, un ou tous; non pas que je doute que l'avantage ne soit de mon côté, mais cela pour épargner les instants de votre altesse... Je commence donc par monsieur votre gentilhomme d'honneur, je crois, monsieur le comte d'Aigueville...

LE COMTE DE PROVENCE, au duc.
Votre neveu, mon cher duc!

LE MARQUIS.
Approche, Gros-Jean!

GROS-JEAN.
Monsieur le prince... ça se trouve bien, parce que... je profiterai...

LE MARQUIS.
Silence... Mon prince, votre aïeul, Louis XIV, vieux et dans le malheur, souffrant moins encore de ses revers que de la misère de son peuple (car le peuple avait faim), eut recours à sa noblesse pour chasser la disette... Le grand-père de monsieur se prétendit ruiné... (Montrant Gros-Jean.) Ce rustre, est le petit-fils d'un fermier qui s'empressa de faire déposer dans les greniers de la ville pour dix mille écus de blé, prétendant que toute sa fortune était au service de son roi et de son pays : voilà pour lui... Les autres sont de la même force, et la partie n'est pas égale.

(Mouvement du duc et de ses amis.)

LE COMTE DE PROVENCE.
Assez, monsieur le marquis... (A part.) J'étais venu pour voir un fou, et j'ai grand'peur d'avoir trouvé un sage.

LE DUC, qui s'est approché du prince.
Mon prince, laisserez-vous humilier la noblesse que vous représentez... Nous espérons qu'une prompte punition...

LE COMTE.
J'y vais songer... Messieurs, qu'on nous laisse un moment.

(Les courtisans s'éloignent.)

LE DUC, à ses amis.
Nous allons être vengés.

ADÉLAÏDE, à part.
Je tremble!...

LE COMTE DE PROVENCE, qui est resté avec le marquis sur le devant de la scène.
Monsieur de Brunoy, j'ai su l'injure qu'on vous a faite... Ne pas comprendre le désir de vengeance qui vous anime, ce serait manquer de cœur... Mais croyez-vous qu'au rang où le sort m'a placé, je n'aie pas ressenti quelquefois les traits de la haine et de l'envie?... Je suis plus jeune que vous, je dois avoir moins d'expérience... Mais si au lieu de chercher mon courage dans ma raison, j'avais poussé comme vous la vengeance jusqu'à l'exaltation, je serais peut-être devenu méchant.

LE MARQUIS.
Mon prince.

LE COMTE DE PROVENCE.
Vous êtes noble, je vous le dis, moi!... Des hommes qui ne comprennent pas leur mission ont arrêté chez vous cet élan de grandeur qui pouvait vous rendre un jour cher au pays et à vos princes... et pour un trait passager, contre lequel vous deviez être invulnérable, vous vous êtes laissé abattre!... Marquis de Brunoy, le ridicule touche à l'avilissement... Relevez-vous, c'est moi qui vous en prie!... Vous songez à l'avenir, j'y compte, moi!... Un jour la France peut avoir besoin d'hommes comme vous...

LE MARQUIS, très ému.

Mon prince, ah! croyez-le, je ne suis pas seulement accessible à la haine et à la colère!... Mais l'affront que j'ai reçu sur les marches du trône a cruellement déchiré mon cœur!... Pour apaiser ma juste vengeance, ils sont revenus à moi!... Mais comment?... Guidés par le plus lâche intérêt, ils m'offraient une alliance, et c'était pour m'enlever l'héritage de mon père!... pour servir l'ambition de mon plus cruel ennemi! Ah! cette nouvelle injure a porté le désespoir dans mon cœur. Hé bien! pourtant si, malgré mon juste ressentiment, un de ces hommes si fiers et si nuls, malgré leur âge, eût prononcé devant moi une seule des paroles que vous, si jeune et si plein de bonté, venez de me faire entendre, je serais tombé à ses pieds comme je suis maintenant aux vôtres, et j'aurais tout oublié.

(Il tombe à ses pieds.)

LE COMTE DE PROVENCE.

Relevez-vous, marquis de Brunoy!

(Tout le monde se rapproche.)

ADÉLAÏDE.

Ma tante, court-il quelque danger?

MADAME DE MONTMARTEL.

Silence, mademoiselle!

LE DUC.

Nous triomphons!... (Au comte dont il s'est approché.) Mon prince, nous attendons un exemple de votre justice... et la lettre de cachet...

LE COMTE DE PROVENCE, tirant la lettre de sa poche.

Monsieur le duc, vous m'avez trompé. (Il déchire la lettre. — Au marquis.) Monsieur de Brunoy, nous nous reverrons.

(Il remonte, suivi de ses gentilshommes et du marquis.)

LE DUC, à la comtesse et à ses amis qui sont descendus sur le devant de la scène.

La Bastille nous échappe.

LE BARON.

Il faut ouvrir une autre porte.

LE DUC.

Il ne nous reste qu'un seul moyen.

TOUS.

Nous l'emploierons.

(En ce moment le prince et sa suite vont tout au fond à prêts à disparaître.)

TOUT LE PEUPLE.

Vive le comte de Provence!

(Le rideau tombe.)

ACTE CINQUIÈME.

La mise en scène de cet acte doit être très riche et très variée.

SCÈNE I.

Mme DE MONTMARTEL, LE LIEUTENANT CIVIL, ADÉLAÏDE.

MADAME DE MONTMARTEL.

Hélas! monsieur le Lieutenant civil, notre famille est désespérée de l'état mental de M. le marquis de Brunoy. Nous avons hâte de voir prononcer l'interdiction que nous avons sollicitée.

LE LIEUTENANT CIVIL.

L'enquête ordonnée au parlement de Paris, a produit, contre la raison du marquis, les preuves les plus complètes, et je crois pouvoir vous assurer que les vœux de votre famille seront exaucés.

ADÉLAÏDE, à part.

Mon pauvre cousin!

LE LIEUTENANT CIVIL.

La seule formalité qui reste à remplir, c'est l'interrogatoire du jeune marquis.

MADAME DE MONTMARTEL.

Cet arrêt serait un service; car la conduite de M. de Brunoy devient de jour en jour plus intolérable; c'est à peine s'il lui reste la moitié des quarante millions que lui avait laissés son père.

LE LIEUTENANT CIVIL.

M. le marquis aplanissait les montagnes, détournait des rivières et mille autres folies!

ADÉLAÏDE.

On parle de ses folies, mais on ne parle pas de ses bienfaits.

LE LIEUTENANT CIVIL.

Je vous laisse, mesdames; nous ne voulons pas retarder l'audience, à cause de M. le comte de Provence qui doit nous faire l'honneur d'y assister.

ADÉLAÏDE.

Alors j'ai de l'espoir... Comme dit mon cousin, c'est un prince philosophe.

LE LIEUTENANT CIVIL.

Sans doute, mademoiselle, c'est une belle qualité pour un prince; mais cette fièvre dangereuse n'a point encore pénétré les voûtes gothiques du grand Châtelet.

(Il sort.)

SCÈNE II.

Mme DE MONTMARTEL, ADÉLAÏDE.

MADAME DE MONTMARTEL.

Je m'étonne, Adélaïde, que vous persistiez dans votre fol attachement pour votre cousin, lui si prodigue pour les autres, et si peu généreux pour vous!

ADÉLAÏDE.
Son amitié m'a toujours semblé plus précieuse que ses bienfaits.

MADAME DE MONTMARTEL.
J'espère qu'en ma qualité de plus proche parente, je serai nommée tutrice de M. de Brunoy pour l'administration de ses biens, et mon premier soin sera de céder au jeune comte de Provence cette terre de Brunoy qu'il desire depuis si long-temps.

ADÉLAÏDE.
Si jamais cela arrivait, il serait à souhaiter que mon cousin fût privé de sa raison, car la perte de Brunoy lui donnerait la mort... J'étais là, tout-à-l'heure, quand sa voiture est entrée au Châtelet; il était pâle, triste, et quand il m'a regardée, il m'a semblé que des larmes brillaient dans ses yeux... Depuis si long-temps qu'il ne m'a vue, il me croit peut-être rangée aussi parmi ses ennemis.

SCÈNE III.
Les Mêmes, GROS-JEAN, GEORGETTE.

GROS-JEAN, à la cantonade.
Je vous dis que je suis de la famille.

ADÉLAÏDE.
Gros-Jean ! et Georgette, sa femme ! (Au factionnaire.) Laissez entrer.

(Madame de Montmartel passe dans une autre pièce et disparaît.)

GROS-JEAN, arrangeant son habit.
Oui, mam'zelle! oui, c'est nous! On ne voulait pas nous laisser entrer... Mais j'ai poussé des pieds et des poings... et Georgette a dit qu'elle était votre domestique.

ADÉLAÏDE.
Mes bons amis, vous n'abandonnez donc pas votre protecteur ?

GROS-JEAN.
Abandonner M. le marquis !... qui nous a mariés !... mais je serais un gueux, et ma femme une scélérate !... Depuis qu'il est dedans le malheur, j'avons pleuré toutes les larmes de nos yeux, au point que Georgette en est devenue affreuse... Voyez plutôt.

GEORGETTE, le pinçant.
Qu'est-c' que tu dis donc?

GROS-JEAN.
Je veux dire que j'en suis devenu pas beau.

ADÉLAÏDE.
Il faut tâcher de rester à l'audience; il pourra voir deux amis de plus.

GROS-JEAN.
Tous les autres sont là bas... les dragons les empêchent d'entrer... une interdiction !... Je savais pas ce que c'était... Je l'ai demandé dans la foule à un monsieur... il m'a appris qu'on prenait vot' argent, vos effets... j'en suis resté saisi.

GEORGETTE.
Et moi donc!

GROS-JEAN.
Il y en a qui disent qu'on le mettra peut-être en prison... qu'on n'y touche pas !... tout le village est en bas... nous mangerons les dragons... et au bout du compte, si on lui prend tout, v'là la dot qu'il nous a donnée. (Il tire sa sac.) Je la lui rapporte; quand il l'aura usée, nous travaillerons pour lui... Voilà.

ADÉLAÏDE, attendrie.
Bien, mes amis !... On vient... placez-vous à l'écart et tâchez de rester.

(Gros-Jean et sa femme se mettent dans un coin.)

SCÈNE IV.
Les Mêmes, LE DUC, Mme DE MONTMARTEL.

LE DUC, arrivant vivement en parlant avec la comtesse.
Oui, madame la comtesse, je viens de voir nos juges... ils ont tous la même opinion que nous ; le marquis de Brunoy est fou !... fou à lier... il y a long-temps que je l'ai dit pour la première fois.

ADÉLAÏDE, avec ironie.
Et pourtant monsieur le duc songeait à lui donner sa fille.

LE DUC.
J'étais aussi fou que lui... mais je m'estime heureux de l'affront qu'il m'a fait... Cet affront nous sert dans le procès : il n'y avait qu'un homme dénué de raison qui pût refuser une d'Aigueville... et puis, ma fille est heureuse avec l'époux qu'elle a choisi; c'est un vrai gentilhomme, et mes grandes protections feront le reste.

ADÉLAÏDE.
Mais pourquoi monsieur le duc n'a-t-il pas amené à cette audience madame la comtesse sa fille ?

LE DUC.
Je m'en serais bien gardé !... son mari lui a donné des idées si différentes des miennes !... Par bonheur, elle est en ce moment au fond de la Normandie... ainsi plus d'obstacle ! Le marquis sera condamné, le comte de Provence aura la terre de Brunoy, j'aurai le bâton de maréchal de France, et *Domine, salvum fac Regem*.

ADÉLAÏDE.
Eh bien! moi, le comte de Provence est au contraire mon seul espoir.

LE DUC.
Voici toute l'assemblée.

SCÈNE V.
Les Mêmes; SEIGNEURS, BOURGEOIS, PEUPLE.

LE BARON, arrivant avec la baronne.
M. le duc d'Aigueville, on vient de m'apprendre que le comte de Provence vient ici.

SCÈNE VI.

Les Mêmes; le comte DE PROVENCE, suite.

LE DUC, l'apercevant.

Le comte de Provence!...

MADAME DE MONTMARTEL, au duc.

Vous ne le saviez pas?

LE DUC.

Pourvu qu'il n'aille pas nous faire quelque scène de générosité!

(Le peuple se précipite en foule dans la salle d'audience... La musique continue; le comte de Provence entre et va occuper le fauteuil qu'on a préparé pour lui. Le duc d'Aiguerille va saluer le prince, tout le monde se place. Les seigneurs et dames de la cour occupent les places réservées derrière le comte. Les bourgeois sont en dedans de la balustrade. À droite, derrière la sellette où vient s'asseoir le marquis, Gros-Jean et les paysans de Brunoy se sont emparés de toutes les places.)

UN HUISSIER.

Le tribunal!

(On se lève et l'on se rassied.)

LE LIEUTENANT CIVIL, à l'huissier.

Faites venir monsieur le marquis de Brunoy.

LE COMTE DE PROVENCE.

Je suis curieux de savoir comment il va justifier ses bizarreries!

(Une porte s'ouvre, le marquis s'élance vivement dans la salle; il est sans épée.)

LE MARQUIS, avec feu.

M. le lieutenant civil, justice pour tous!... ce doit être votre devise... commencez donc par être juste pour moi... Avant de m'introduire devant vous, un huissier s'est permis de me demander mon épée... je l'ai donnée pour prouver mon respect pour la cour; mais j'exige qu'elle me soit rendue... Je ne parais pas ici en criminel; je n'y viens point en furieux!... j'y viens en homme libre, du moins jusque après votre arrêt, et j'ai le même droit de porter une épée que tous les gentilshommes ici présents, depuis les d'Aiguerille jusqu'à monsieur le comte de Provence.

LE DUC.

Quelle arrogance!

LE MARQUIS.

Je supplie donc monsieur le lieutenant civil de me faire rendre mon épée, ou je déclare que je refuserai de répondre à la cour.

LE LIEUTENANT CIVIL.

Huissier, apportez l'épée de monsieur le marquis.

LE COMTE DE PROVENCE, se levant vivement.

Non! restez... voici la mienne, monsieur le marquis; que ce don atteste l'intérêt que vous porte un fils de France.

(Approbation dans l'assemblée.)

LE MARQUIS.

Ah! mon prince, ce nouveau trait de bonté...

LE DUC.

Cela commence mal!

GROS-JEAN.

Ça commence bien!

LE MARQUIS.

Monsieur le lieutenant civil, le marquis de Brunoy est prêt à vous répondre.

LE LIEUTENANT CIVIL.

Monsieur le marquis, vous connaissez l'enquête qui a été dirigée contre vous par votre noble famille?

LE MARQUIS.

Ajoutez maternelle; car la famille de mon père n'était pas noble, et j'en suis fier.

GROS-JEAN.

Le v'la parti! ça va rouler.

ADÉLAÏDE.

Il va se perdre!

LE LIEUTENANT CIVIL.

Dans votre intérêt, veuillez vous recueillir, et mesurer vos paroles par respect pour le tribunal qui vous écoute.

LE MARQUIS.

Le seul que je ne craigne pas, c'est celui de ma conscience.

LE LIEUTENANT CIVIL.

Comment expliquerez-vous dans un homme de votre qualité, cette vie d'artisan, d'homme de peine, que vous meniez à votre château de Brunoy?

LE MARQUIS.

J'avais à me venger des gens de cour, je voulais rendre mon titre de marquis ridicule; je m'avouerai vaincu; ces messieurs sont plus forts que moi.

LES COURTISANS.

Ah!

LES PAYSANS, LE PEUPLE.

Bon!

LE LIEUTENANT CIVIL.

Pourquoi avez-vous fait votre société ordinaire d'ouvriers et de paysans?

LE MARQUIS.

Je ne savais pas, monsieur, qu'il fût mal de choisir ses amis parmi ceux dont la simplicité tolérante ne rappelle jamais le rang d'où l'on est sorti; si l'on ne doit connaître que des gens de son rang, le laboureur et le maçon doivent paraître devant vous pour m'avoir fréquenté.

LE PEUPLE ET LES PAYSANS.

C'est juste.

LE MARQUIS.

Je précise les faits: je ne suis pas un insensé, mais un fou volontaire... méditant mes plans d'extravagance comme un autre arrange ses projets de sagesse... J'aurais dépensé mon dernier sou, si ce sou avait pu me fournir une poignée de sable pour jeter au visage des courtisans.

LES COURTISANS.

Vous l'entendez!

LE DUC.

Il nous sert à merveille!

ADÉLAÏDE.

Et ne pouvoir le retenir!

ACTE V, SCÈNE VI.

LE LIEUTENANT CIVIL.
Vos juges apprécieront toute la portée de vos réponses.

LE MARQUIS.
Est-ce pour mes prodigalités, pour mes erreurs que je suis ici?... M. de Lauraguais, qui achète pour mille louis de jarretières à mademoiselle Sophie Arnould, devrait être auprès de moi sur la sellette... Croyez-vous que tous les seigneurs d'aujourd'hui soient exempts de reproches?.. Je vais dire devant tous, les folies qu'ont faites messieurs les barons de Luzun, le prince d'Hénin, le comte de Chamilly. Tout le monde sait que le roi de France...

TOUS LES COURTISANS, se levant.
C'est affreux!...

(Les huissiers s'élancent au-devant du marquis.)

LE MARQUIS, les repoussant.
Que le roi de France est indigné de leur conduite.

LE PEUPLE ET LES PAYSANS.
Très bien!

LE LIEUTENANT CIVIL.
Comment espérez-vous justifier le bizarre testament que j'ai présentement sous les yeux? Ie don que vous avez fait à votre cousine, par exemple?

LE MARQUIS.
Cette statue est un chef-d'œuvre, et j'attache un grand prix à ce marbre.

LE LIEUTENANT CIVIL.
Par ce testament, vous avez légué la terre de Brunoy au roi d'Angleterre?

LE COMTE DE PROVENCE.
Ceci me paraît de la plus insigne folie.

LE MARQUIS.
Monsieur le lieutenant civil, ce don en apparence si singulier, est d'une trop haute portée pour que je consente à dire en public les raisons qui me l'ont dicté.

LE LIEUTENANT CIVIL.
Vous cherchez à éluder la question, monsieur le marquis.

LE COMTE DE PROVENCE.
C'est ce qu'il a de mieux à faire.

LE LIEUTENANT CIVIL.
Rassemblez vos souvenirs, car nous reviendrons sur cette question importante... L'enquête vous accuse d'avoir outragé la noble famille d'Aigueville, en refusant publiquement et de la manière la plus cruelle, la main de la fille de M. le duc d'Aigueville, alliance que vous aviez sollicitée.

LE MARQUIS.
Tes qu'on est venu m'offrir.

(Il parle bas à son avocat, qui sort.)

LE LIEUTENANT CIVIL.
Male de votre refus n'en a pas moins l'avenir de mademoiselle d'Aigueville, vous à répondre?

LE MARQUIS.
...oins qui répondront pour moi.
(...civil fait signe de laisser entrer.)

SCÈNE VII.
LES MÊMES, ÉMILIE, VALMONT.

LE DUC.
Ma fille!

LA COMTESSE ÉMILIE DE VALMONT, s'avançant.
Monsieur le lieutenant civil, en apprenant l'accusation dirigée contre monsieur le marquis, j'ai cru de mon devoir de venir rendre hommage à la vérité.... Et je déclare devant tous que c'est à lui que je dois le bonheur de ma vie.

LE DUC.
Grand Dieu!

LE PEUPLE.
Ah!

LE COMTE DE VALMONT.
Oui, messieurs, je vins à Brunoy disputer la main d'Émilie à monsieur le marquis... mais après avoir épargné mes jours, « Rassurez-vous, me dit-il, vous épouserez mademoiselle d'Aigueville... Vous êtes sans richesse?.. vous faut-il une charge à la cour, un régiment?... ma fortune est à vous, disposez de tout.... » Voilà messieurs, pourquoi monsieur le marquis a refusé la main de mademoiselle d'Aigueville, devenue, du consentement de son père, la comtesse de Valmont.

GROS-JEAN ET LE PEUPLE.
Bravo! bravo!

LE DUC.
Et c'est ma fille qui va le sauver!

ADÉLAÏDE.
Que je l'embrasserais de bon cœur maintenant!

(Le lieutenant civil se lève.)

LE LIEUTENANT CIVIL.
La conscience du tribunal est suffisamment éclairée.

LE DUC, s'avançant vivement.
Un moment!... monsieur le marquis n'a pas répondu sur le don de Brunoy au roi d'Angleterre... c'est le point capital.

LE COMTE DE PROVENCE.
Il ne peut guère justifier cela.

LE LIEUTENANT CIVIL, qui s'est rassis.
Monsieur le marquis, consentez-vous à expliquer cette circonstance?

LE MARQUIS, se levant vivement.
Oui, messieurs, oui je répondrai... Dans l'enivrement de vos fêtes, le comte de Cagliostro vous a souvent prédit l'avenir : vous a-t-il dit jamais que le plus bel enseignement des rois et des peuples, c'est celui de l'histoire?... Et cependant elle ne sert de leçon ni aux peuples ni aux rois. Vous voulez savoir pourquoi j'ai donné Brunoy au roi d'Angleterre?... Messieurs, c'est par pitié pour la noblesse de France!

(Surprise générale.)

LES COURTISANS.
Quel langage! c'est affreux!

LE PEUPLE.
Ah!...

LE MARQUIS.
Oui, messieurs... j'ai eu peur pour elle... il vient souvent une heure où les grands ont besoin de la terre étrangère... Jacques II est venu à Saint-Germain... on s'en souvient, messieurs!... Si j'ai donné Brunoy au roi Georges, c'est afin qu'en échange, il donne un jour asile aux d'Aiguéville eux-mêmes fugitifs et proscrits. (Rumeur des courtisans.) Comte de Provence, vous enviez Brunoy, m'a-t-on dit?... Prenez garde à vos courtisans; c'est le Brunoy qu'ils vous préparent est peut-être sur le sol anglais.
(Grande rumeur. Le comte de Provence se lève. Agitation générale.—Les juges se lèvent pour délibérer et sortent.)

LES COURTISANS.
Justice! Justice!...

CHOEUR.
Sa démence est bien avérée!
Nous prédire un sort si cruel!
Ici sa perte est assurée,
Son châtiment doit être solennel.

L'HUISSIER, rentrant.
Le tribunal.
(Les juges rentrent et se replacent.)

LE LIEUTENANT CIVIL.
« Oui le marquis de Brunoy dans ses réponses et ses discours, le tribunal le déclarant atteint de démence, prononce son interdiction, et, vu le danger de son exaltation, ordonne qu'il sera conduit sur l'heure à la maison royale des aliénés. »
(Musique.)
(Le peuple se lève en murmurant contre cet arrêt.)

LE PEUPLE, s'agitant.
C'est affreux! c'est injuste!
(La musique continue. Les juges se retirent; les parents et amis des d'Aiguéville disparaissent pleins de joie. Des soldats font évacuer la salle.)

ADÉLAÏDE, s'élançant près du marquis.
Grand Dieu!
(Le peuple repoussé par les soldats, disparaît. Les portes se referment. Le marquis, Adélaïde, le comte et la comtesse de Valmont s'empressent auprès du marquis de Brunoy.—Gros-Jean, qui a passé par dessus la grille, revient aussi près de lui.—Le comte de Provence est resté dans le fond.)

ADÉLAÏDE.
Ah! je ne vous quitte plus!

LE MARQUIS.
Voilà donc la justice des hommes!

LE COMTE DE PROVENCE, qui s'est rapproché du marquis.
Monsieur de Brunoy, je vous remercie de vos conseils et de votre prévoyance... mais si vous possédez le don de seconde vue, il y a une seconde justice dont je veux vous offrir l'appui, c'est la justice du roi... Vous m'avez fait une promesse à Brunoy, vous la réaliserez... Comptez sur moi. (Il s'éloigne.)

LE COMTE DE VALMONT.
Rassurez-vous, mon ami, le roi saura la vérité!

LE MARQUIS.
Le roi!... on lui dira ma prédiction... n'importe... elle les poursuivra jusque dans leur sommeil... mais moi!... moi, si jeune encore... l'asile de la folie!... Ah! si du moins c'était l'exil!

ADÉLAÏDE.
Vous êtes malheureux!... persécuté! Je me consacre à vous.

LE MARQUIS.
Adélaïde! ton amour... c'est comme le bonheur, il n'y faut plus songer... (Marchant d'un air égaré.) Mais écoute... ils ne sont plus là... il ne nous reste qu'un instant... j'ai un secret à t'apprendre.

TOUS, se rapprochant de lui.
Un secret!

LE MARQUIS.
Oui... vois-tu?... Je connaissais leur cupidité... je me méfiais de moi-même... ma folle vengeance, mes prodigalités pouvaient tout engloutir... je n'ai plus rien, ils m'ont tout pris... mais tu es riche, toi.

TOUS.
Riche!

LE MARQUIS.
Écoutez bien... les diamants de ma mère... une somme considérable... j'ai tout caché dans le parc de Brunoy... pour toi... d'un côté... où donc! Ah! mon Dieu! ma mémoire... c'était... (Apercevant Gros-Jean.) ah! Gros-Jean, tu as travaillé avec moi!

GROS-JEAN.
J'y étais pas.

LE MARQUIS.
C'est vrai... moi seul... une nuit... quand j'étais maçon! pour toi... Ah! ma tête!... ma tête!

ADÉLAÏDE.
Ah! je ne veux que votre amitié!

LE MARQUIS.
L'amitié... c'est cela!... la statue de l'amitié... dans le piédestal... tout est là... mais tais-toi... ne réveille pas leur cupidité... ils m'ont bien pris ma liberté... (Il aperçoit les gardes qui entrent.) O Dieu! Ma liberté!
(Il tombe, soutenu par le comte de Valmont; Adélaïde se tourne suppliante vers les gardes. Le rideau baisse.)

FIN DU MARQUIS DE BRUNOY.

PARIS. — IMPRIMERIE NORMALE DE JULES DIDOT L'AÎNÉ,
n° 4, boulevart d'Enfer.